Gilles FABRE

Proposer et agir

pour une Nouvelle Donne

Les Editions du premier mars 1972
Du même auteur

La fin des Etats-Nations, Les Editions du premier
mars 1972, 2013

Avertissement au lecteur

Cet ouvrage ne prétend pas être représentatif du programme ou des idées de Nouvelle Donne. Il s'agit d'un ensemble de réflexions personnelles de la part d'un citoyen engagé et militant de Nouvelle Donne. La cohérence que je perçois entre les propositions de ce parti et mes propres idéaux reste parfaitement subjective. Il ne s'agit donc que d'une contribution individuelle au débat collectif.

A l'attention de ceux qui ne connaîtraient pas encore les principales orientations politiques de Nouvelle Donne, les 20 propositions présentées aux élections européennes de 2014 sont fournies en annexe.[1]

L'intégralité des bénéfices issus de la vente de cet ouvrage sera reversée à Nouvelle Donne.

---

[1] Vous pouvez également les retrouver sur le site officiel de Nouvelle Donne :
http://www.nouvelledonne.fr/

Remerciements

Ce livre est dédié à tous les militants, politiques ou associatifs, qui donnent de leur temps et de leur énergie pour changer le monde.

Table des matières

Prologue 1

Le pouvoir au XXIème siècle 9

Le déclin de la puissance publique 9

Sommes-nous entre les mains des multinationales ? 24

Comment prendre le pouvoir ? 26

L'expérience « Nouvelle Donne » 31

Une nouvelle conception de la démocratie 31

Un parti en devenir 35

Créer un véritable parti transeuropéen 41

Nouvelle Donne, parti national ou européen ? 46

Disposons-nous de l'espace politique nécessaire ?................... 52

Comment concrétiser l'idée d'un parti transeuropéen ? 58

Agir dès maintenant auprès des citoyens 67

Agir en dehors des périodes électorales 67

Des pistes vers la prise du pouvoir 71

La société civile au secours du politique 75

Le projet WholeStreet 87

Agir dans le domaine social 90

Agir dans la défense de l'environnement.................... 93

Agir dans l'économie sociale et solidaire 99

Agir auprès des consommateurs 105

Epilogue.. 115

Annexes.. 125

Les 20 propositions de Nouvelle Donne aux élections européennes de 2014 125

Bibliographie 147

Prologue

Proposer et agir : telles sont les clés de l'accession au pouvoir. C'est ce que nous tenterons de démontrer tout au long de cet ouvrage. Se présenter aux élections ne suffit pas pour gagner le cœur des citoyens, et encore moins pour pouvoir changer le monde. L'action en dehors des périodes électorales doit devenir la règle pour tout parti politique digne de ce nom.

Nous ne pouvons plus nous limiter au seul rôle de producteur d'idées. Nous devons devenir des acteurs à part entière de la société, y compris lorsque ne sommes pas au pouvoir. Par notre soutien à la société civile, au milieu associatif, aux initiatives individuelles et collectives, nous redonnerons ses lettres de noblesse à l'action politique.

La frontière entre engagement citoyen et militantisme politique doit s'effacer au profit d'une collaboration constructive dans le respect des spécificités de chacun. L'action politique doit également servir de catalyseur des différentes initiatives citoyennes.

S'engager auprès du milieu associatif, c'est tout

1

sauf attendre un retour d'ascenseur. La récupération politique est un fléau qu'il nous faut combattre avec force. Nous devons nous engager avec franchise et sincérité aux côtés de ceux qui donnent de leur temps et de leur énergie dans leurs engagements bénévoles. Peu importe les retombées électorales. Si nous avons pu nous rendre utiles pour concrétiser tel ou tel projet, pour populariser l'action de telle ou telle association, cela doit suffire à notre bonheur.

Nous aspirons au pouvoir non pas pour nous-mêmes, mais pour changer la société. Par conséquent, si nous arrivons à faire bouger les lignes avant même d'accéder aux responsabilités, nous aurons rempli notre devoir. Naturellement, tout parti politique aspire au pouvoir, et Nouvelle Donne n'y fait pas exception. Mais peut-être aurons-nous la sagesse de nous satisfaire de l'arrivée au pouvoir de nos idées, et non de nos propres dirigeants. Au jour d'aujourd'hui, je peux affirmer que telle est notre volonté, tout du moins chez l'ensemble des militants que j'ai pu rencontrer.

La spécificité de Nouvelle Donne réside dans son ambition de construire une force politique excluant la possibilité de toute appropriation du pouvoir par certains de ses membres. Le mode de désignation de nos dirigeants est essentiellement basé sur le tirage au sort, comme nous le verrons plus loin. Le non-cumul et le non-renouvellement des mandats et des fonctions font partie des piliers de la construction de notre parti.

Chaque militant de Nouvelle Donne est intimement persuadé de la sincérité intellectuelle dans laquelle s'est engagé ce mouvement. Tout ce qui nous rassemble est basé autour des notions de désintéressement, de limitation du pouvoir personnel, de la fin du carriérisme politique. Et tout ce qui fut réalisé jusqu'à ce jour l'a été en ce sens. A ma connaissance, aucun parti politique ne s'est jamais doté de telles capacités de contrôle et de renouvellement de sa classe dirigeante. C'est toute la force de ce jeune parti, et c'est la raison de l'enthousiasme de ses militants et sympathisants. Nul doute que ces bases solides nous seront précieuses si nous accédons un jour aux responsabilités.

Notre objectif central est donc de mettre en avant des idées, et non des personnes. De ne pas se laisser guider par le charisme de certains, mais par les propositions issues du débat collectif. Il n'en reste pas moins que notre objectif ultime reste la prise du pouvoir. Il n'y a rien de choquant à cela : tout militant, tout homme politique digne de ce nom se doit de tenter d'influer positivement sur le cours de la société, et donc de s'en donner les moyens.

Mais qu'est-ce que le pouvoir au XXIème siècle ? La question est très rarement posée, et pourtant elle mérite que l'on s'y attarde un peu. Ce sera même le thème central de cet ouvrage. En effet, à quoi bon conquérir le pouvoir à un endroit où celui-ci a disparu ? Si les Etats-Nations ont déjà perdu une grande part de leurs marges de manœuvre dans une économie toujours plus mondialisée, à quoi bon s'acharner à remporter des élections ? Si la victoire ne nous permet pas de mettre en œuvre notre programme, nous ne pourrons que décevoir à nouveau les citoyens et les pousser encore un peu plus dans les bras des partis nationalistes et xénophobes.

Partout en Europe, leur progression est flagrante. Il serait donc temps de se demander si nous ne creusons pas la tombe de la démocratie en tentant de la maintenir sous une forme qui n'est plus adaptée à notre temps. La persistance de la crise économique est bien entendu l'une des causes majeures de la défiance des citoyens envers la classe politique. D'ailleurs, on prétend souvent que la baisse du taux de chômage suffirait à dompter l'extrême-droite. Mais rien n'est moins sûr. A titre d'exemple, les Suisses ont récemment voté un certain nombre de mesures indignes d'un pays démocratique, malgré une situation de plein-emploi. A l'inverse, malgré un chômage extrêmement massif, l'Espagne n'a pas connu de réelle vague brune. Les causes de la montée de l'extrême-droite sont multiples et résultent de la combinaison complexe de paramètres historiques et économiques propres à chaque nation.

Pourtant, la simultanéité de cette progression du populisme partout en Europe ne peut que nous inciter à la prudence dans l'affirmation de notre capacité à l'endiguer en cas d'accession au pouvoir. Pourquoi ferions-nous mieux que les autres ? Qu'est-ce qui nous distingue fondamentalement des autres partis ?

Comment se fait-il que la plupart des gouvernements européens semblent incapables de transformer la société dans le sens attendu par les électeurs ? Nos responsables sont-ils tous des incapables ou des corrompus ? Il est trop aisé et trop dangereux de tomber dans de telles facilités de raisonnement. Les hommes politiques sont avant tout des êtres humains comme les autres, avec leurs forces et leurs faiblesses. On peut même leur prêter, pour la majorité d'entre eux, d'avoir comme tout militant de base sincèrement souhaité faire progresser la société dans le bon sens. La corruption n'est que la conséquence de l'accession au pouvoir. Nul n'est corrompu avant d'avoir pu l'être ! Qui peut dire aujourd'hui « si j'étais au pouvoir, je ne succomberais jamais à la tentation » ? Le pouvoir corrompt par nature, et c'est à la société de se doter des moyens nécessaires pour juguler ce cancer de la démocratie.

Ce livre sera donc l'occasion d'élargir notre réflexion sur la nécessité du dépassement du débat franco-français et de son extension à l'Europe tout entière, voire au-delà. Cela signifie en particulier de se poser la question de la pertinence de la création d'un véritable parti transeuropéen, de « Nouvelle Donne Europe ». Certes, notre tout jeune parti est encore dans une phase de consolidation de sa structure et d'élargissement de son programme. Nous ne pouvons pas tout faire à la fois. Mais d'autres militants situés à l'étranger n'attendent qu'une chose : pouvoir se lancer dans l'aventure de la création de Nouvelle Donne dans leur pays. Ils n'espèrent rien d'autre qu'un geste d'encouragement de notre part. Sachons les motiver et leur faire confiance pour trouver les solutions permettant de faire émerger notre mouvement partout où cela sera nécessaire.

Nous ne pourrons faire évoluer les institutions européennes ou la politique de la Banque Centrale Européenne (BCE) sans l'appui des populations de nombreux pays européens. Nous ne pourrons engager de véritables mesures visant à lutter contre le réchauffement climatique, contre la déforestation ou la perte de biodiversité sans un véritable dialogue Nord-Sud. Nous devons apprendre à concilier les attentes des citoyens résidant dans les pays en développement avec nos propres préoccupations environnementales. Par conséquent, nous devons faire en sorte de populariser nos idées par-delà les frontières. Cela passe par la création de Comités Locaux Nouvelle Donne partout où de bonnes volontés se feront connaître, en Europe ou ailleurs.

Naturellement, les revendications propres à chaque pays seront différentes en fonction des urgences locales. Mais nous disposons déjà d'un ensemble programmatique suffisamment étoffé pour définir un socle commun sur lequel pourront venir se greffer des revendications locales. De plus, notre Charte Ethique permet de s'assurer d'un mode de fonctionnement commun, basé sur le respect des opinions de chacun, la bienveillance dans l'écoute de l'autre, l'abstention de toute critique en l'absence de propositions alternatives constructives, et la mise en place d'un mode de fonctionnement interne permettant d'éviter tout accaparement du pouvoir par telle ou telle personnalité charismatique.

C'est sur ces bases que nous pourrons réellement changer la société : à l'échelle locale, en se mettant au service des citoyens sans attendre de victoires électorales, et à l'échelle globale en diffusant nos idées partout où nous le pourrons, en mobilisant toutes les personnes de bonne volonté.

Le pouvoir au XXIème siècle

Le déclin de la puissance publique

Dans la plupart des démocraties occidentales, l'alternance est de mise : la droite succède à la gauche qui elle-même a succédé à la droite. On pourrait croire un instant que l'électeur est fort versatile. En réalité, il est seulement déçu. Il change la couleur de son vote en se disant que cela ne pourra pas être pire. Puis il est à nouveau déçu. Dans le meilleur des cas, il décidera alors de voter pour le « moins pire ». Mais généralement, il se repliera vers l'abstention ou le vote extrême, vers ceux qui promettent de tout balayer, même lorsqu'ils surfent sur les sentiments de peur et de haine.

Mais pourquoi diable déçoivent-ils tous ? Souffrent-ils d'une quelconque maladie, les condamnant irrévocablement à l'incompétence ? Méfions-nous de nos réflexes populistes : le « tous pourris » est une expression facile, qui a le grand mérite de ne nécessiter aucune réflexion. Mais elle est injuste et dangereuse. Pire, elle ne propose rien. Avec de tels « arguments », on ne propose aucune alternative, si ce n'est le « mettons-les tous dehors » qui ne peut mener qu'au pire des scénarios.

On peut envisager une autre explication à ces déceptions successives : les promesses ne sont pas tenues car les dirigeants politiques n'en ont plus les moyens. Ils sont élus là où le pouvoir a disparu. Ils pensaient avoir les mains libres pour gouverner, et ils se retrouvent pieds et poings liés, ligotés par la mondialisation. Nous vivons dans un siècle où le pouvoir économique a largement échappé au politique, qui se retrouve condamné à faire des promesses qu'il ne pourra jamais tenir. Avant de progresser dans notre réflexion, commençons par étudier plus en détail ce qu'est le pouvoir, et qui le détient réellement. Nous verrons que dans sa majeure partie, le pouvoir économique s'est dilué entre de nombreux acteurs, étatiques ou privés. Cette dilution est la cause principale de notre incapacité à réformer le système en profondeur : il n'y a plus de prison de La Bastille à faire tomber.

Etymologiquement, le verbe « pouvoir » signifie « être capable de ». Il s'agit de la capacité à réaliser une action. Détenir le pouvoir politique implique donc d'être en mesure non seulement de prendre des décisions, mais également de les faire appliquer. Historiquement, l'autorité publique incombe naturellement au chef de l'Etat, qu'il soit président, roi, empereur ou éventuellement premier ministre. L'exécutif, contrôlé par le législatif, décide des mesures à prendre au sein du pays.

Autrefois, ces décisions pouvaient fortement influencer tous les pans de la société, que ce soit en bien ou en mal. Aujourd'hui, le pouvoir des gouvernants politiques se limite pour l'essentiel aux grands domaines régaliens : police, justice, armée, éducation. Les questions sociétales comme le mariage gay, l'égalité homme-femmes ou encore la question de l'euthanasie restent également entre les mains de nos dirigeants. En France, le secteur de la santé est toujours un service public extrêmement fort, même si la solidarité nationale faiblit et que les patients sont de plus en plus mis à contribution. Mais dans tous ces domaines, les décisions politiques pèsent encore de tout leur poids. Par contre, il est indéniable que les mesures macroéconomiques prises au niveau national ont de moins en moins d'impact sur la société. Hormis quelques exceptions, comme les USA ou la Chine, qui ont une taille suffisante pour se permettre de prendre des mesures de grande ampleur sans subir trop de conséquences de la part des marchés financiers, bien peu sont les Etats qui ont encore les moyens de changer la donne.

Les pays les plus en difficulté ont recours aux prêts du FMI, qui en retour leur impose une série de mesures visant à libéraliser les échanges et à privatiser une partie des services publics. En conséquence, ces Etats perdent non seulement le contrôle desdits services, mais aussi leur pouvoir de décision dans de nombreux pans de l'économie. Je ne cherche pas à critiquer ici l'action du FMI. Peut-être pourrait-on trouver des exemples où les mesures préconisées ont produit les effets escomptés. Je souhaite simplement souligner que les Etats se sont démis d'une partie de leurs prérogatives à cette occasion.

Les Etats les plus riches ne sont pas en reste. En libéralisant les échanges, et surtout en permettant aux capitaux de circuler sans contraintes, ils ont également perdu une grande part de leur souveraineté. Mais pour la donner à qui ? Mystère… et c'est bien là le problème.

Que l'on m'entende bien : je n'ai aucune nostalgie du temps où le pouvoir pouvait s'exercer sans limites à l'intérieur des frontières nationales, sans tenir compte – ou presque – du monde extérieur.

La mondialisation est un fait, et nous ne reviendrons pas en arrière. Le repli sur soi prôné par les nationalistes de tous bords ne résoudrait pas nos problèmes, et provoquerait de surcroît une dangereuse montée de la xénophobie.

Non, ce qui nous intéresse, dans le cadre de cet ouvrage, c'est de déterminer à qui a été transmis ce pouvoir. Si cela avait été à une structure supranationale et démocratiquement élue, comme une Fédération Européenne aurait pu l'être, cela ne serait en rien dérangeant. Tant que le citoyen peut en dernier ressort décider de son avenir, cela ne pose aucun problème. Bien au contraire, une structure fédérale réunissant plusieurs Etats européens pourrait dégager bien plus de marges de manœuvre que ne peut le faire le Parlement Européen actuel.

Mais en réalité, il semble que l'on n'ait confié le pouvoir… à personne. On part du principe que la main invisible du marché fera toujours mieux que celle de l'Etat. L'exemple le plus frappant est celui de la BCE. Lors de la création de l'Euro, chaque pays a accepté de perdre toute souveraineté sur l'émission de monnaie. Quand on connaît l'immense influence de la politique monétaire sur l'économie, on aurait pu s'attendre à ce que la BCE soit chapeautée par un organisme quelconque, étroitement contrôlé par la puissance publique, une sorte de gouvernement économique européen. Mais non, rien de tout cela. Bien au contraire, il a été décidé que la seule et unique tâche de la BCE serait de combattre l'inflation. Pas de soutenir la croissance, de financer un plan de relance ou de lutter contre le chômage, non. Seulement lutter contre l'inflation. Et interdiction formelle de tenter de l'influencer ! La BCE est libre et indépendante. On a littéralement jeté le gouvernail de l'Euro par-dessus bord. On a transformé une superbe idée en un mécanisme froid et impersonnel. Il n'est pas trop tard pour en reprendre le contrôle. En politique, il n'est jamais trop tard. A condition d'élire des personnes qui détiennent réellement le pouvoir !

Par ailleurs, il n'y a pas que la politique monétaire dans la vie : il y a aussi la politique fiscale ! Il n'est jamais inutile de rappeler que l'impôt, ce mal aimé, est avant tout le meilleur outil du vivre-ensemble. Sans impôt, pas d'Etat. Pas de redistribution des richesses. On trouve toutes sortes d'impôts et de taxes, plus ou moins efficaces et plus ou moins justes. Le plus détesté, l'impôt sur le revenu, est pourtant le meilleur de tous. De par sa progressivité, il permet une redistribution des richesses particulièrement efficace, à l'inverse de la TVA, dont le taux fixe s'applique aux plus riches comme aux plus pauvres. Pire encore, les moins fortunés dépensant la quasi-totalité de leurs revenus en achats courants, ils versent proportionnellement bien plus que ceux qui ont la possibilité d'épargner. Et pourtant, de par son invisibilité, dissimulée en bas de nos tickets de caisse, la TVA suscite moins de protestations que l'impôt sur le revenu, bien qu'elle soit beaucoup plus lourde pour les plus démunis.

Cependant, l'impôt sur le revenu peut être contourné de multiples manières, de façon tout à fait légale. Les niches fiscales sont légion, et les contribuables les plus fortunés ayant accès aux meilleurs spécialistes du droit fiscal ne se privent pas d'en user et abuser. Mais peut-on réellement leur en vouloir ? Si vous aviez la possibilité de payer moins d'impôts de manière parfaitement légale, vous en priveriez-vous ? N'avez-vous jamais pesté contre cet Etat qui vous prive du fruit de votre labeur ? Ne cherchons pas en vain de bouc émissaire : nul ne peut blâmer celui qui reste dans le cadre de la loi, même si sa moralité n'est pas exemplaire. Si nous estimons que ce qui est légal n'est pas moral, c'est à nous de changer la loi. On ne peut attendre d'un individu qu'il se soumette volontairement à une augmentation de ses prélèvements au nom d'une quelconque morale fiscale. Il nous faut prendre nos responsabilités et élire ceux qui seront en mesure de rétablir une fiscalité plus juste.

On en revient alors au cœur de notre problème : les élus ont-ils réellement la capacité de prendre de telles décisions ? Je parle ici de véritable réforme fiscale, susceptible de modifier en profondeur la redistribution des richesses. Je ne parle pas de mesurettes permettant de décaler le curseur de quelques millimètres.

Prenons l'exemple symbolique des fameux « 75 % », ce taux maximal d'imposition qui devait s'appliquer aux revenus supérieurs à un million d'euros. « Confiscatoire ! », ont hurlé les ténors de la droite, les grands patrons et les dirigeants des clubs de football. « Confiscatoire ! », a jugé le Conseil Constitutionnel.

Tout d'abord, précisons les choses : quelle que soit la tranche concernée, les taux indiqués ne concernent que les revenus situés au-delà d'un certain seuil. Une personne touchant un million d'euros n'aurait donc pas eu 750 000 euros à payer : c'est seulement la part de revenus au-delà du million d'euros qui aurait été soumise à ce barème.

Et pour être tout à fait honnête, précisons que la tranche à 75 % n'a pas été retoquée en raison de son caractère confiscatoire, mais car elle s'appliquait à une personne physique et non au foyer fiscal[2]. Par exemple, un couple touchant chacun 900 000 € n'aurait pas été soumis à cette tranche, contrairement à celui dont un seul des membres aurait touché 1 800 000 € et l'autre rien. On pourrait croire qu'il aurait suffi au gouvernement de rectifier sa copie en « conjugalisant » cette mesure. *Que nenni* ! En réalité, la décision du Conseil Constitutionnel comprenait également une remarque qualifiant de « confiscatoire » le taux de 75 % devant s'appliquer aux retraites-chapeau. Il était donc particulièrement risqué de maintenir ce taux lors de la rédaction de la deuxième mouture de la loi. Une deuxième censure du Conseil Constitutionnel aurait été du plus mauvais effet. Il a donc été décidé de contourner le problème en taxant non

---

[2] A ce sujet, on pourra lire avec intérêt les commentaires très pertinents réalisés par le Bureau Francis Lefebvre :
http://www.cms-bfl.com/Limpot-confiscatoire-au-sens-de-la-decision-du-Conseil-constitutionnel-n2012-662-DC-du-29-decembre-2012-14-01-2013

plus les individus mais les entreprises versant de telles rémunérations. La tortuosité du raisonnement a tué le symbole.

Mais quel autre choix y avait-il ? Fallait-il dire au Conseil Constitutionnel de regarder ailleurs ? Ou modifier la Constitution ? Peut-être. Mais force est d'avouer que c'était loin d'être gagné, le tout pour une mesure symbolique ne devant s'appliquer qu'à quelques milliers de personnes tout au plus.

Il faut alors s'interroger sur le fond : en quoi le Conseil Constitutionnel peut-il être légitime pour décider de ce qui est confiscatoire et de ce qui ne l'est pas ? Où se situe cette limite ? Rien ne devrait autoriser une telle institution à porter un jugement aussi subjectif. Celui-ci ne devrait relever que d'une décision démocratique, c'est-à-dire une mesure prise par ceux qui ont été élus par le peuple.

Pour justifier cette affirmation et montrer le caractère complètement subjectif d'une telle décision du Conseil Constitutionnel, prenons un exemple extrême : celui de deux Etats, dont le taux maximal d'imposition dépassait les 90 % dans les années 70[3]. L'objectif affiché était d'empêcher les inégalités sociales d'atteindre des sommets. Ces deux pays s'appelaient... les Etats-Unis et le Royaume-Uni, pourtant peu suspects de tentations bolchevistes ! Mais comme le dit la publicité, « *mais ça, c'était avant* ». Avant la révolution néo-libérale des années Reagan-Thatcher. Avant la globalisation de l'économie et de la finance. Avant la perte de pouvoir des Etats-Nations face à la mondialisation.

Allons encore un peu plus loin : même en l'absence de censure, aurait-il été réellement possible d'appliquer une telle mesure, voire de revenir à des taux « confiscatoires » tels que ceux appliqués dans les pays anglo-saxons durant les Trente Glorieuses ? Pas si sûr. Cette loi aurait concerné un très petit nombre de personnes qui auraient, n'en doutons pas, trouvé le moyen de la contourner efficacement. N'oublions pas que cette mesure ne devait s'appliquer qu'au revenu imposable, et non au revenu tout court. Or les astuces juridiques ne manquent pas pour diminuer son revenu fiscal. Rappelons-nous que de très grandes fortunes ont pu se retrouver non-imposables, comme tout citoyen au RSA...

---

[3] T. Piketty, *Le capital au XXIème siècle*, graphique p 805

Une réforme ne peut se révéler réellement efficace que lorsqu'elle s'applique à un nombre substantiel de personnes, comme par exemple les 1% les plus riches, qui détiennent environ 25 % des patrimoines en France[4]. Or, 1% de la population, cela représente environ 500 000 personnes dans notre pays, ce qui est loin d'être négligeable ! *Rappelons également que les 0,1% les plus riches regroupent par définition 50 000 personnes dans un pays dont la population est de 50 millions d'adultes (comme la France au début des années 2010). Il s'agit donc d'un groupe à la fois très minoritaire (dix fois plus minoritaire que les 1%), et non négligeable de par sa place dans le paysage social et politique. Les « 0,1% » en France [] sont passés de quinze à vingt-cinq fois le revenu moyen (soit de 450 000 à 750 000 euros si le revenu moyen est de 30 000 euros). [] Ces ordres de grandeur sont approximatifs, mais permettent de mieux visualiser le phénomène et de le relier aux rémunérations souvent évoquées dans les médias[5].*

L'argument le plus fréquent s'opposant à ces réformes profondément redistributrices reste le risque d'exil fiscal. Et cet argument est

---

[4] T. Piketty, Le Capital au XXIème siècle
[5] T. Piketty, Le Capital au XXIème siècle, p 505

parfaitement valable. Aujourd'hui, on estime que 14 000 milliards d'euros[6] sont dissimulés dans les paradis fiscaux par les personnes physiques et échappent ainsi au nécessaire devoir de contribution à la justice sociale dans leur contrée d'origine. Et cette somme ne représente que la partie émergée de l'iceberg, celle détenue par les personnes physiques. Les sociétés privées, du moins les plus importantes d'entre elles, disposent de par leur immense puissance financière d'une batterie de fiscalistes rémunérés à plein temps leur permettant de disposer des meilleurs outils financiers en vue d'une « optimisation fiscale ». Oui, dans la plupart des cas, il s'agit bien d'optimisation, et non de fraude : utiliser au mieux les failles législatives de chaque Etat pour concentrer ses bénéfices chez le mieux-disant, fiscalement parlant.

En conséquence, tous les Etats sont mis en concurrence pour attirer les investisseurs. Malheur à celui qui tenterait de relever ses taux d'imposition. C'est ainsi que l'impôt sur les bénéfices des principaux pays industrialisés a fondu comme neige au soleil. Dans la Zone Euro, il

---

[6] Estimation réalisée par Oxfam en mai 2013. L'organisation Tax Justice Network l'estime entre 17 000 et 25 500 milliards d'euros

est passé de 37 %[7] en 1997 à environ 25 % aujourd'hui (contre 40 % aux USA). Et la course à l'armement – ou plutôt au désarmement – fiscal est loin d'être terminée. La perte de telles ressources financières n'est pas sans conséquences pour les nations concernées. Dans de telles conditions, comment maintenir un certain niveau de services publics sans cure d'austérité, hausse des prélèvements sur les classes moyennes ou accroissement de la dette publique ? C'est une spirale sans fin.

Ce qui vient d'être évoqué au niveau étatique l'est également au niveau régional ou local : chaque collectivité y va de ses subventions, de sa zone franche, de ses aménagements routiers pour attirer de nouvelles entreprises et créer de l'emploi dans sa région. Inutile de blâmer nos responsables locaux, ils ont été élus pour cela. Mais force est de constater qu'à l'échelle nationale, cette concurrence inter-régionale tend à diminuer le retour social attendu des investissements réalisés. Comme au niveau international, la course au mieux-disant affaiblit la capacité redistributrice de la puissance publique.

---

[7] Taux moyen

On en revient encore une fois au cœur du problème : s'il n'y a pas d'autre choix que de recourir à la baisse du taux d'imposition sur les bénéfices, pourquoi continuer à voter ? Si le pouvoir politique s'est privé des leviers monétaires et fiscaux, que lui reste-t-il vraiment ? Le plus grand danger pour la démocratie est l'absence d'influence notable du résultat du vote sur la politique fiscale.

A l'extrême-droite, on prétend résoudre le problème en fermant les frontières, en stoppant l'immigration de masse – qui n'est qu'un fantasme – et surtout en cherchant des boucs émissaires divers et variés : l'Europe, les immigrés, l'Islam, etc. Au sein de la gauche radicale, à mon grand regret, ce n'est parfois pas beaucoup mieux. Au nom de nobles idéaux d'égalité et de justice, on se complaît parfois dans la démagogie en se limitant au « *qu'ils s'en aillent tous* ». Je grossis le trait à dessein, mais ce n'est pas loin d'être la réalité. On peut cependant mettre à leur crédit de ne pas baser leur argumentation sur la haine comme peut le faire l'extrême-droite, voire une partie de la droite républicaine. Malgré tout, on y trouve certains discours désignant à la vindicte populaire certaines catégories sociales, typiquement les « riches ». Je n'apprécie guère ce genre de propos simplificateur. Nier la valeur morale d'un individu en fonction de sa classe sociale est non seulement injuste mais rabaisse également le niveau du débat. Le problème central ne réside pas dans la lutte des classes, mais dans la perte de maîtrise de l'ensemble de la société sur son avenir.

En tout premier lieu, nous devons repenser la notion même du pouvoir, et nous débarrasser de sa conception dépassée issue du siècle passé. Tant que nous n'aurons pas effectué ce nécessaire travail intellectuel, il sera vain de vouloir changer la société avec des outils devenus obsolètes.

Sommes-nous entre les mains des multinationales ?

Voici notre fantasme préféré ! Enfin un ennemi identifiable ! Vraiment ? Est-on sûrs de pouvoir clairement l'identifier ? Bien sûr, on pourrait citer de multiples exemples : Apple, Monsanto, Google, Amazon, Facebook, General Motors, Total, Gazprom, la BNP, Microsoft, Samsung, les laboratoires pharmaceutiques, les fonds de pension… nous n'avons que l'embarras du choix ! Peut-être un peu trop, d'ailleurs.

Notons tout d'abord que nombre de ces grands acteurs n'existaient tout simplement pas il y a 20 ou 30 ans, ou n'en étaient qu'à leurs balbutiements. La logique générale du « système » n'ayant guère évolué depuis le tournant néolibéral des années 80, il serait donc hasardeux de les en rendre collectivement responsables. Vouloir s'attaquer à l'une de ces entreprises en particulier n'a donc guère de sens, hormis lors de combats très spécifiques, contre les OGM par exemple. Concentrer nos efforts sur telle ou telle compagnie peut s'avérer efficace sur certains points précis, mais engager le conflit de manière parcellaire ne nous dispense pas d'appréhender le monde dans sa globalité, et d'en tirer des conclusions déterminant une démarche globale.

Soulignons également qu'aucune de ces multinationales prise individuellement n'a de réelle prise sur la marche globale de la société. Chacune joue son propre jeu et défend les intérêts qui sont les siens. L'idée d'un petit nombre de capitaines d'industrie se réunissant pour mettre le monde en coupe réglée n'a aucun sens, et relève du fantasme lié à la théorie du complot. Certes, les lobbies existent et disposent d'une importante puissance de feu, mais ils agissent dans un cadre global qui les dépasse. Encore une fois, personne en particulier ne détient la totalité du pouvoir. Même si nous remplacions les dirigeants de toutes les multinationales par d'autres personnes jugées plus moralement responsables, la logique globale du système ne bougerait pas d'un iota.

Le monde n'obéit plus qu'à une seule règle : celle du profit maximal en un minimum de temps.

Comment prendre le pouvoir ?

Vaste question ! Mais où est donc passé le palais d'hiver ? Comme nous venons de le constater, le pouvoir s'est dispersé entre de multiples acteurs, publics et privés. Le combat pour la démocratie doit à présent s'effectuer sur un terrain plus abstrait. La tâche n'en est que plus ardue. Si j'osais un parallèle risqué, cela me fait penser à la fin de la guerre froide : d'un seul coup, l'Occident n'a plus eu d'ennemi facilement identifiable. Pourtant, le monde n'en demeurait pas moins dangereux. Du coup, où concentrer nos efforts ? Nos fameux chars Leclerc, si appropriés pour les grandes batailles opposant des centaines de chars, se révélaient bien inadaptés dans la lutte anti-terroriste ou le combat de rues. Toute la stratégie militaire a dû être repensée. Il en est de même aujourd'hui pour la démocratie : les adversaires ont changé.

L'ennemi numéro un est sans nul doute le principe de rentabilité maximale, de profit à court terme, tant au niveau des individus que des entreprises. Il est cependant risqué d'engager le combat dans un seul pays, sous peine d'isolement économique. Par conséquent, l'action politique ne peut avoir de sens qu'en s'inscrivant dans un mouvement d'ensemble global. Les lignes-forces qui sous-tendent notre programme doivent pouvoir être généralisables à l'humanité tout entière.

Ce n'est pas une mince affaire, j'en conviens. Pourtant, c'est sans doute ce qui m'a le plus attiré dans le programme de Nouvelle Donne : à y regarder de plus près, la plupart des 20 propositions qui ont été présentées dans le cadre des élections européennes peuvent être généralisées au niveau de notre continent. Elles n'avaient sans doute pas été rédigées en ce sens : les situations particulières, les chiffres qui y sont présentés se rattachaient spécifiquement à la situation de la France. Pourtant, en modifiant quelques termes et quelques données, ce programme aurait tout aussi bien pu être présenté dans le cadre d'un véritable parti transeuropéen.

Nous y reviendrons plus loin. Pour le moment, retenons simplement qu'à l'avenir, peut-être vaudra-t-il mieux commencer par définir un socle programmatique européen, auquel des revendications spécifiques à chaque nation viendraient se greffer.

Retenons également que toute proposition visant à réformer le système en profondeur doit être envisagée dans un cadre global. Plus son échelle sera large, plus elle aura de chances d'aboutir. Aujourd'hui, d'innombrables initiatives citoyennes fleurissent de par le monde pour améliorer le sort de la planète. Mais en général, elles ont une portée exclusivement locale : protection des populations, de la biodiversité, des droits des travailleurs ou des libertés individuelles.

On pourrait en citer des milliers d'exemples, preuves du génie humain et de ses capacités altruistes, malgré toutes ses imperfections et ses instincts meurtriers. A ma connaissance, il n'existe pas de statistiques comptabilisant le nombre de personnes s'adonnant à des activités bénévoles. On peut cependant estimer que plusieurs millions d'entre nous consacrent une grande part de leur vie à aider les autres ou à préserver la nature, ce qui est considérable.

A nous de faire converger ces différentes forces vers un idéal commun, vers un véritable projet de société.

L'expérience « Nouvelle Donne »

Une nouvelle conception de la démocratie

Nouvelle Donne est une organisation politique née à la fin de l'année 2013, issue des réflexions amorcées par le Collectif Roosevelt[8]. Parmi ses membres fondateurs, on retrouvait Stéphane HESSEL, écrivain, Susan GEORGE, écrivaine, Pierre LARROUTUROU, économiste, Cynthia FLEURY, philosophe, Edgar MORIN, philosophe, Dominique MEDA, philosophe et sociologue, Curtis ROOSEVELT, petit-fils de Franklin D. Roosevelt, Roland GORI, psychanalyste et initiateur de l'Appel des Appels, Claude ALPHANDERY, économiste, Patrick DOUTRELIGNE, délégué général de la Fondation Abbé Pierre, Patrick VIVERET, philosophe, Patrick PELLOUX, médecin urgentiste, et bien d'autres personnalités.

Ce collectif vise *une politique du vouloir-vivre et re-vivre, qui nous arrache à une apathie et à une résignation mortelles*[9]. Il fédère aujourd'hui plus

---

[8] Voir http://www.collectif-roosevelt.fr
[9] Expression attribuée à Stéphane Hessel et Edgar Morin.

de 100.000 citoyens, engagés autour de 15 propositions ayant pour objectif d'éviter un effondrement de l'économie, d'élaborer un projet de société, de lutter contre le chômage endémique et de créer une Europe démocratique[10].

Face au rejet ou à l'absence de réaction des partis politiques traditionnels envers ces propositions, il fut décidé de créer un véritable parti politique, Nouvelle Donne[11], dont les membres fondateurs sont pour la plupart issus du Collectif Roosevelt. Ce nouveau mouvement s'est présenté pour la première fois aux élections européennes de 2014 et a obtenu un score de 3 %, ce qui est loin d'être négligeable après seulement six mois d'existence.

Vint alors le temps d'une véritable structuration du parti, achevée aujourd'hui. Son objectif principal fut de construire à partir de la base – on utilise souvent le terme de co-construction – une structure horizontale, à l'inverse des organisations pyramidales qui caractérisent les partis politiques traditionnels. Durant cette discussion collective, de multiples questions se sont posées. Les principales

---

[10] Liste des 15 propositions : http://www.collectif-roosevelt.fr/15-propositions/
[11] En référence au New Deal de F. Roosevelt

d'entre elles concernaient la mise en place d'une organisation évitant par nature toute captation du pouvoir par un petit nombre d'entre nous : renouvellement rapide des conseils décisionnels, impossibilité de se représenter à un poste de direction, élection *via* tirage au sort, etc. L'objectif est d'éviter de se retrouver dans un schéma de construction de baronnies locales tenues par de véritables professionnels de la politique, se détachant petit à petit des réalités du terrain et concentrant l'essentiel de leur énergie à conserver le pouvoir.

La tâche est difficile. De par la présence et l'influence de leurs nombreux caciques, les anciens partis ne sont pas en mesure de se réformer en profondeur pour aboutir à un tel résultat. Cela serait demander à l'ensemble de leurs élus de sacrifier leur carrière. *A contrario*, dans un parti complètement neuf, on peut envisager de mettre en place toute une série de garde-fous permettant de s'assurer de la non-professionnalisation du politique.

Prenons un exemple concret : dans certains partis, les militants élisent en interne leurs futurs candidats aux élections. Dans les autres, ces derniers sont simplement désignés par le Bureau

National. Mais même dans le cas où des primaires sont organisées, leur sincérité peut facilement être mise en doute : falsification des listes d'adhérents, adhésions massives dans les dernières semaines avant l'élection, fraudes dans les bureaux de vote, etc.

A Nouvelle Donne, pour les élections européennes de 2014, le mode de désignation des candidats fut complètement différent. Dans chaque grande région, une vingtaine de militants ont été tirés au sort dans le fichier des adhérents. Pour la région sud-ouest, il leur a été demandé de se réunir durant deux jours à Toulouse, afin de déterminer la liste de nos candidats aux européennes. Chacun d'entre eux avait préalablement envoyé un « CV » et une « profession de foi ». Un premier tri fut effectué parmi ces candidatures. Puis chaque candidat est venu se présenter à la tribune, où les « jurés » leur ont posé les questions qu'ils souhaitaient. Au terme de ces différents entretiens, ces jurés ont échangé leur ressenti, puis ont voté pour déterminer la future liste de candidats. Ce mode de désignation a conduit à écarter de la tête de liste notre seule députée européenne, preuve s'il en était besoin de l'indépendance accordée à cet échantillon de militants tirés au sort.

Ici, on le voit, impossible de truquer les listes d'adhérents, de bourrer les urnes ou même d'influencer les « jurés » ainsi isolés.

Un parti en devenir

Nouvelle Donne s'est engagée à s'abstenir de toute critique en l'absence de proposition alternative. C'est un sage principe, qui m'a particulièrement séduit lorsque je me suis intéressé à son programme. Il implique notamment de ne pas avoir d'avis sur tout, de ne pas savoir répondre sur tous les sujets.

J'ai toujours trouvé curieux de demander aux hommes politiques d'avoir réponse à tout : le prix du ticket de métro, du kilo de tomates, le nombre de sous-marins nucléaires,… S'ils ne connaissent pas la réponse aux deux premières questions, ils ne sont pas proches du peuple. Et s'ils ne connaissent pas la réponse à la troisième, ce ne sont pas des hommes d'Etat… Personnellement, je ne connais pas le prix du ticket de métro (je ne suis pas Parisien), ni celui du kilo de tomates (j'en mange rarement) et je n'ai aucune idée du nombre de sous-marins nucléaires français. Et pourtant, il me semble avoir le droit – et le devoir – de faire de la politique, comme tout citoyen se sentant concerné par le sort de la société.

Le programme présenté par Nouvelle Donne aux élections européennes fut essentiellement tourné vers les questions économiques, écologiques et sociales. Il abordait également le thème des règles de fonctionnement de l'Union Européenne[12]. Ma première réaction, en découvrant ce programme, fut l'étonnement. D'apparence très technique, combinant graphiques et données chiffrées, on était loin des slogans simplistes ou des revendications populistes que l'on retrouvait partout ailleurs. Je me suis alors demandé : comment espèrent-ils pouvoir toucher les électeurs avec un discours d'apparence si élitiste ? Je me trompais.

Le pari était de faire confiance à l'intelligence collective, en fournissant à la population les éléments-clés permettant de comprendre rapidement les principaux concepts économiques, habituellement réservés aux « experts ». Séduit par de telles ambitions, j'ai rapidement rejoint le mouvement, au sein du Comité Local de Montpellier. J'y ai trouvé une ambiance

---

[12] Voir en annexe

chaleureuse, un enthousiasme communicatif et un souci permanent du respect de la démocratie interne. Je tiens ici à remercier tous les militants que j'ai pu côtoyer : leur engagement sincère et leur dévouement sont particulièrement motivants.

Aujourd'hui, nous n'en sommes qu'aux balbutiements de Nouvelle Donne. Nombreux sont les partis politiques n'ayant connu qu'une existence éphémère. Peut-être en sera-t-il ainsi également pour nous. L'avenir n'est jamais écrit d'avance, et la pérennité de notre mouvement ne sera jamais complètement acquise. De nombreux facteurs entrent en jeu pour assurer notre survie, afin que Nouvelle Donne n'ait pas été qu'un simple feu de paille.

Notre première exigence doit être la préservation de ce qui a fait notre force : la démocratie interne. Si nous perdons cet élément, que nous nous mettons à ressembler aux partis traditionnels, la grande majorité des militants rejoindra la vaste plaine des déçus de l'action politique. Nouvelle Donne y survivrait peut-être, et pourrait même trouver sa place dans le paysage politique français. Mais elle aurait perdu son âme, sa raison d'être.

En décembre 2014, la forme de notre structure organisationnelle fut décidée, suite à un long parcours démocratique et à des questionnaires précis envoyés à l'ensemble des militants. Il en a résulté un parti avec une structure réellement horizontale et décentralisée, avec une exigence de non-cumul des mandats et fonctions au sein du parti. Les débats furent engagés au sein de chaque Comité Local. Les « architectes », chargés de synthétiser les propositions issues de la base, ont travaillé de manière efficace, et le résultat fut, à mon sens, à la hauteur des enjeux.

Rappelons ici la nécessité d'un renouvellement régulier des instances dirigeantes de Nouvelle Donne, y compris et surtout au sein du Bureau National. Je ne doute pas de la sincérité de quiconque dans son engagement personnel au sein de notre mouvement. Cependant, la nature humaine étant ce qu'elle est, nous n'échapperons pas aux problèmes d'ego et aux tentatives d'accaparation du pouvoir. Même les dirigeants les plus sincères peuvent se croire plus utiles en restant à la tête du parti qu'en retournant au niveau de simple militant. Notre mode de fonctionnement doit empêcher ce genre de dérive.

C'est pourquoi l'adoption de notre structure actuelle devra rester soumise à débat, afin d'en corriger les défauts éventuels. Il en va de l'avenir même de Nouvelle Donne.

Créer un véritable parti transeuropéen

A ce stade, il peut être judicieux de rappeler le fonctionnement des élections européennes. En premier lieu, notons que chaque pays envoie un certain nombre de députés au parlement européen, en fonction de son poids démographique. Ce mode de scrutin peut paraître parfaitement logique, mais il produit des effets secondaires particulièrement pernicieux. Nous ne votons pas pour des partis européens, mais pour des partis nationaux censés nous représenter au parlement européen, ce qui est tout à fait différent. Fixer un nombre de députés par pays implique donc de focaliser l'attention des électeurs vers des considérations purement nationales.

Par conséquent, il faut bien l'admettre, nous votons bien souvent pour soutenir ou condamner le gouvernement en place, et non pour répondre à des questions purement européennes. On attend intuitivement de nos députés qu'ils aillent à Bruxelles pour défendre les intérêts de la France, et non ceux de l'Europe en général. D'ailleurs, lorsque l'on parle de « nos députés », on entend ceux qui sont élus par les Français. Les autres, nous ne les considérons pas comme étant « nos députés ».

Tant que les élections seront organisées pays par pays, nous continuerons de percevoir les élections européennes à travers le prisme national. En élisant les parlementaires de notre propre pays, nous ne pouvons faire autrement que d'attendre de leur part un soutien à notre cause nationale, même s'il est au détriment de l'intérêt européen.

En conséquence, il n'existe pas à proprement parler de parti européen, ou plutôt transeuropéen. Par ce mot, je désigne un parti présent dans tous les pays, avec un seul et unique programme valable pour le continent tout entier. Bien entendu, il existe au sein du Parlement Européen des groupes politiques rassemblant un certain nombre de partis de sensibilités plus ou moins proches. Mais c'est un peu comme si aux législatives françaises, on organisait des élections région par région, chacune envoyant un certain nombre de députés à l'assemblée nationale. Puis les partis politiques locaux se regrouperaient dans des coalitions hétéroclites au parlement. Du coup, pas de vision d'ensemble, pas de sentiment d'appartenance à une même communauté. Dans ces conditions, comment faire émerger la notion d'intérêt général ?

Or, nous l'avons vu, gagner les élections au niveau national ne suffit pas pour changer la donne. Transformer la société implique de pouvoir agir à une échelle plus large. Par conséquent, si l'on admet ce principe, reprendre la main signifie accéder au pouvoir au niveau européen. On peut donc en déduire que le fait de se regrouper au Parlement Européen avec des « partis frères » ne suffira pas : sans projet d'ensemble déterminé au préalable, sans programme commun à présenter à l'ensemble des électeurs européens, nous aurons bien du mal à définir un véritable projet de société pour l'Europe. Il sera alors difficile de réformer le système en profondeur. Notre victoire nationale aura de fortes chances de rester sans effet notoire.

Parmi les 20 propositions de Nouvelle Donne aux élections européennes de 2014, on trouvait celle de l'adoption d'un régime parlementaire, en remplacement du système intergouvernemental actuel : *sur une question importante, mettre un chef d'état ou le ministre qui le représente en minorité est quasi impossible car c'est prendre le risque d'humilier tout son pays. De ce fait, il faut que les vingt-huit soient d'accord, à l'unanimité, pour que l'on change le contenu d'une politique. La paralysie est assurée. Ce sont les technocrates ou les marchés qui font la loi.*

Si l'on adoptait un système parlementaire, comme le proposaient les Allemands en 2000, des députés européens de tel ou tel pays pourraient être mis en minorité sans drame national puisque d'autres députés européens du même pays seraient, eux, dans la majorité... C'est bien un débat politique qui est tranché dans un Parlement et non un combat entre nations.

Je souscris complètement à cette analyse. Cependant, je reste persuadé que cela resterait insuffisant pour faire émerger une véritable conscience européenne, un réel sentiment de destin commun. Même dans ces conditions, les médias ne manqueraient pas de simplifier à l'extrême les décisions qui seraient prises par le parlement en faisant vibrer la corde nationaliste : quel pays a « gagné » ? Lequel a « perdu » ? D'autre part, les députés français – par exemple – conserveraient comme objectif, revendiqué ou non, de défendre leur pays et non l'Europe dans son ensemble.

Il me semble donc plus que jamais nécessaire d'aller au-delà de la revendication de la mise en place d'un système parlementaire. Nous pourrions proposer d'obliger les partis politiques souhaitant participer aux élections de se présenter avec un programme unique dans toute l'Europe, et de ne pouvoir entrer au parlement qu'en obtenant un score minimal dans un certain nombre de pays. Cela les obligerait à définir leur programme directement à l'échelle européenne, et non au niveau national. Les électeurs pourraient ainsi se prononcer sur une vision globale de l'Europe, au lieu de voter pour ou contre leur propre gouvernement. Un véritable sentiment de communauté de destin serait en mesure d'émerger, signant ainsi le véritable acte de naissance de l'Europe politique.

Or, paradoxalement, nous pourrions avancer dans cette direction plus aisément que dans celle de la construction d'un système parlementaire. En effet, cette refonte des institutions nécessite un profond remaniement des traités et de la structure même de l'Union Européenne, ce qui sera bien difficile à obtenir. En revanche, construire un parti transeuropéen, c'est possible dès maintenant. Inutile d'attendre une quelconque modification des traités. En montrant l'exemple, en créant

Nouvelle Donne Europe, nous démontrerons qu'il ne s'agit pas d'une utopie. Nous prouverons que l'Europe peut se construire à partir d'un projet commun, soutenu par l'ensemble des citoyens de l'Union. Ce projet est à notre portée : c'est une décision qui nous appartient.

Nouvelle Donne, parti national ou européen ?

Nouvelle Donne, on l'a vu, est issu du Comité Roosevelt, essentiellement soutenu par des personnalités françaises. Ce parti a donc naturellement émergé dans notre pays. Ses positions sont pro-européennes, mais cela en fait-il un parti européen, ou plutôt transeuropéen ? Pas du tout : il s'inscrit dans un cadre franco-français, et n'a présenté aucun candidat hors de nos frontières.

De par son origine atypique, à savoir un comité de réflexion attirant des sympathisants de divers pays, les « non-français » du Comité Roosevelt auraient pu être tentés de créer leur propre parti politique dans leur pays. La question semble d'ailleurs s'être posée en Belgique. Un tiers des sympathisants étaient Belges : on aurait donc pu assister à la naissance d'une « Nouvelle Donne

Belgique », par exemple. Mais tel ne fut pas le cas. Il fut décidé que Nouvelle Donne serait créé seulement en France, et ne se présenterait qu'aux élections se déroulant en France. Du coup, les sympathisants Belges n'ayant plus grand-chose à faire avec nous, le Comité Local Belgique s'est limité aux seuls Français résidant à Bruxelles. Un tiers des militants a donc été perdu[13]. A titre personnel, je trouve dommage de se priver d'autant de personnes enthousiastes quand nous sommes encore si peu nombreux.

Pourquoi en-a-t-il été décidé ainsi ? Je ne suis pas dans le secret des dieux, mais je présume qu'il paraissait déjà très compliqué de créer un nouveau parti politique en France. Par conséquent, tenter de réaliser cette prouesse dans plusieurs pays à la fois pouvait paraître insurmontable. De plus, la grande majorité des adhérents du Comité Roosevelt étant français, cela présentait en apparence un intérêt limité de se développer à l'étranger. La priorité était de construire des bases solides en France, de se faire connaître, de s'organiser et de se structurer au niveau national. Tant que cette tâche ne serait pas achevée, il

---

[13] A l'heure où j'écris ces lignes, il semble qu'il ne reste qu'un seul Belge au sein du Comité Local Belgique de Nouvelle Donne.

semblait inutile de penser à une quelconque expansion dans d'autres pays.

Je comprends parfaitement ce raisonnement. Je ne fais d'ailleurs aucun reproche à ceux qui ont pris cette décision. La création d'un nouveau parti politique est en soi une tâche immense, nécessitant d'y consacrer tout son temps et toute son énergie. Il serait trop facile de critiquer après-coup ce qui a été fait. Je constate simplement que cette décision nous a privés d'un grand nombre de bonnes volontés en dehors de nos frontières. Et à notre échelle, il est dommage de se passer ne serait-ce que d'une seule personne de valeur.

Aujourd'hui, rien n'est encore perdu : nous sommes toujours à temps, si nous le désirons, d'élargir notre audience à d'autres pays européens. Cependant, quand nous nous serons solidement structurés, que nous serons devenus un parti bien établi, il nous sera bien difficile de se concentrer sur autre chose que sur les prochaines échéances électorales. Nous trouverons toujours plus urgent à faire que de s'étendre à l'étranger.

C'est pour cette raison qu'il est fondamental d'inscrire le plus tôt possible dans notre feuille de route l'objectif de la création d'un véritable mouvement transeuropéen. Lorsque l'on évoque cette question au sein de Nouvelle Donne, on ressent comme une certaine gêne. Il est d'ailleurs révélateur que l'on ait réussi à organiser un atelier « Europe » aux journées d'été d'août 2014, mais sans y présenter le thème du parti transeuropéen. Sans doute a-t-on eu peur que cet objectif quelque peu utopique ne décrédibilise Nouvelle Donne, ou bien que le débat ne parte dans tous les sens.

Lors de ces journées d'été, plusieurs ateliers se sont penchés sur les questions internationales ou spécifiquement européennes. L'un d'entre eux était consacré aux Français de l'étranger. Ce fut l'occasion pour tous ces militants éparpillés aux quatre coins de l'Europe de se retrouver et d'échanger ensemble. J'étais quasiment la seule personne résidant en France. Je souhaitais connaître la manière dont était perçue Nouvelle Donne par ces adhérents éloignés : comment arrivaient-ils à s'impliquer dans la vie du parti ? Ne se sentaient-ils pas frustrés de ne pas pouvoir participer à des campagnes électorales ? Mais par-dessus tout, je souhaitais savoir s'ils avaient envisagé de créer une branche de Nouvelle Donne chez eux.

Je m'attendais à ce qu'un ou deux doux rêveurs comme moi y aient fugacement songé. Je fus donc agréablement surpris de constater que dans chacune des trois premières interventions, le thème fut abordé spontanément. L'attente paraissait grande, même si chacun semblait ne pas oser en parler trop fort par peur du ridicule. Tous souhaitaient s'engager plus avant, participer à l'effort collectif et tenter de créer un Comité Local chez eux.

La question était de savoir si ces comités devraient être composés de Français ou d'autochtones. La première solution était la plus simple à réaliser, mais de portée très limitée. La seconde était bien plus complexe. Elle nécessitait la traduction du programme et des objectifs de Nouvelle Donne, leur adaptation à la situation locale, ainsi qu'un long travail militant sur le terrain. La tâche était immense, mais bien plus ambitieuse et porteuse d'espoir. Cette proposition ne fut pas adoptée, mais le débat a eu le mérite d'avoir lieu.

Le soir même fut organisé l'atelier consacré à l'Europe, animé par Loé Lagrange, membre du Conseil National et adhérente du Comité Local Belgique. Quatre sous-ateliers furent organisés, dont l'un fut consacré à la création d'une plate-forme européenne de discussion et d'échange entre divers partis et mouvements de notre continent. Il fut animé par Benoît Berthelot, Emmanuel Maestracci et moi-même.

Nous avons soumis au débat l'idée de la création d'une structure informelle réunissant plusieurs partis européens ayant connu une trajectoire plus ou moins similaire à la nôtre, afin de partager nos différentes expériences, apprendre de nos échecs et éviter les futurs écueils. Cette plate-forme nous permettrait également d'organiser ou de participer à des actions communes à l'échelle européenne. Afin d'encadrer le débat, il fut précisé dès le départ que l'objectif de cet atelier n'était pas de réfléchir à la mise en place d'un parti transeuropéen. La construction de la plate-forme constituerait éventuellement un premier pas vers l'édification d'un tel parti transnational, mais ce ne serait pas l'objet du débat. Cependant, ici encore, on pouvait percevoir en filigrane chez certains participants la volonté d'aller plus loin, sans attendre. Je suis donc reparti de ces journées d'été avec la ferme conviction que bien des militants n'attendaient qu'un signal de notre part pour se lancer à la conquête de l'opinion publique dans leur pays de résidence.

Je reconnais bien volontiers qu'une telle ambition prête facilement le flanc à la critique de nos adversaires. Il sera aisé de nous caricaturer, de nous dépeindre en doux rêveurs. Et pourtant, reposons-nous cette question : voulons-nous remporter les élections, ou bien conquérir le pouvoir ?

Nous l'avons vu, ce sont deux choses complètement différentes. Etre élu ne suffit pas pour détenir le pouvoir réel. Les dirigeants nationaux ont trop peu de marges de manœuvre pour pouvoir prétendre changer la société en profondeur. Nous devons agir à une échelle plus large d'un point de vue géographique, mais également nous impliquer au niveau local, celui des mouvements citoyens. L'imbrication de la politique et de la société civile est un élément fondamental de la prise du pouvoir, comme nous le verrons plus loin.

Disposons-nous de l'espace politique nécessaire ?

La question de la création d'un parti transeuropéen fut abordée sur le forum de Nouvelle Donne, bien avant les journées d'été. L'une des questions posées fut la suivante :

l'espace politique est-il présent pour nous permettre d'exister dans chaque pays européen ? En clair, nos idées ne sont-elles pas déjà représentées ailleurs par d'autres partis ?

La question est d'importance. En effet, si d'autres formations politiques occupent déjà l'espace correspondant à notre positionnement, il est inutile et contre-productif de venir les concurrencer sur leur terrain. Cela serait voué à l'échec et ne manquerait pas d'irriter ceux qui auraient pu devenir nos meilleurs alliés. Il est donc tout à fait pertinent de vérifier l'existence de l'espace politique nécessaire à notre essor avant de se lancer dans un pays donné.

Cependant, lorsqu'un courant politique émerge du néant à partir d'un ensemble d'idées novatrices, issues d'une réflexion indépendante des partis traditionnels, il est probable que la liberté intellectuelle qui y règne engendre un parti radicalement nouveau. En règle générale, les nouveaux partis sont issus de scissions de formations politiques plus anciennes. Ils sont fondés par des dissidents qui souhaitent, dans le meilleur des cas, faire émerger de nouvelles idées. Dans le pire, ils cherchent simplement à créer leur propre mouvement pour accéder au pouvoir personnel. L'histoire récente regorge de tels exemples, et il serait vain de tenter d'en dresser une liste exhaustive.

Par contre, la création d'un parti ex-nihilo est beaucoup plus rare. Bien entendu, bon nombre de fondateurs de Nouvelle Donne sont issus des rangs d'autres partis : les Verts, le Parti Socialiste, le Modem, etc. Mais on compte également un certain nombre de personnalités issues de la société civile, qui se sont engagées pour la première fois dans l'action politique. C'est d'ailleurs l'une des plus grandes singularités de Nouvelle Donne, y compris — et surtout — au niveau de ses adhérents : une grande partie d'entre eux n'avait jamais adhéré au moindre parti politique auparavant.

Nouvelle Donne est avant tout issue d'un courant de pensée inscrit dans la société civile, représenté par le Collectif Roosevelt. Cette originalité fait sa force. J'y retrouve le même bouillonnement intellectuel que lors de la création d'ATTAC, qui avait abouti à la création d'un mouvement altermondialiste aujourd'hui présent aux quatre coins de la planète. Les idées fusent, les propositions les plus audacieuses sont évoquées, l'enthousiasme est de rigueur. Bien entendu, les débats ne sont pas tous particulièrement productifs. De longues discussions enflammées n'aboutissent parfois qu'à un bien maigre résultat. Cependant, il en ressort toujours quelque chose de positif. C'est ce foisonnement intellectuel qui fait la force des jeunes partis. Mais cela ne dure qu'un temps : lorsque les structures seront posées, que la ligne programmatique sera précisée, il sera bien plus difficile de faire émerger de nouvelles idées.

Ce qu'il nous faut retenir, c'est que la force de Nouvelle Donne provient avant tout de l'originalité de sa genèse. Disposions-nous de l'espace politique nécessaire ? Rien n'est moins sûr ! La France regorge de partis politiques de gauche : Nouveau Parti Anticapitaliste, Parti Communiste et Parti de Gauche réunis au sein du Front de Gauche (pour l'instant), Parti Socialiste, Europe Ecologie Les Verts, les Radicaux de Gauche, et j'en oublie. Précisons au passage que Nouvelle Donne ne se présente pas comme étant un parti de gauche, mais que son antilibéralisme pourrait difficilement la placer à droite de l'échiquier politique...

Les propositions de Nouvelle Donne sont souvent inédites et originales, mais on peut en retrouver l'esprit au sein de ces différents mouvements. Il serait absurde de prétendre détenir le monopole de la Vérité. Mais si Nouvelle Donne a pu émerger, ce n'est pas grâce à la présence d'un quelconque vide politique. Cet espace, elle l'a créé de toutes pièces.

N'oublions pas que ce qui caractérise notre époque, c'est l'immense perte de confiance des citoyens envers les hommes politiques. On la retrouve non seulement chez le citoyen lambda, mais aussi chez les militants des partis traditionnels. Un parti présentant des idées nouvelles et se dotant des garde-fous permettant d'éviter la monopolisation du pouvoir interne par des politiques de carrière ne pouvait que séduire les militants des autres partis, fatigués des luttes de clans et des querelles d'ego. Nouvelle Donne avait également de grandes chances de séduire les citoyens s'intéressant à la politique, mais qui refusaient jusqu'alors d'adhérer à un parti. Dans une formation politique complètement nouvelle, chacun pouvait amener sa propre pierre et contribuer à la construction de l'édifice. En redonnant du sens à l'action politique, Nouvelle Donne a su attirer ceux qui se rangeaient dans le camp des abstentionnistes.

La situation est-elle si différente dans le reste de l'Europe ? A en croire le niveau du taux d'abstention, ainsi que la progression générale des mouvements populistes d'extrême-droite, il est clair que la défiance envers la politique est présente partout. Dans chaque pays européen, le citoyen s'éloigne chaque jour un peu plus des partis de gouvernement. Même quand il continue de voter pour eux, ce n'est plus par conviction, mais parce que les autres lui semblent encore pires, et qu'il n'est pas encore prêt à se laisser tenter par le vote nationaliste. Pas encore…

Je reste persuadé que partout en Europe, il existe une forte attente d'un parti réellement neuf, aux idées radicales mais non-démagogiques, aux opinions tranchées mais respectueuses du débat démocratique, aux antipodes de ce qui peut prévaloir aujourd'hui. Il existe un boulevard pour Nouvelle Donne en Europe. Le tout est de s'en convaincre, et de se donner les moyens de ses ambitions. Et pour cela, il faut au préalable prendre conscience du fait qu'une éventuelle victoire aux élections françaises n'implique pas forcément d'accéder au pouvoir réel. Il est donc de notre devoir d'agir dès maintenant au niveau européen.

Comment concrétiser l'idée d'un parti transeuropéen ?

En tout premier lieu, il importe de dresser un état des lieux des forces en présence chez nos voisins. Tant que nous n'aurons pas une vision claire de la situation politique dans ces différents pays, il sera vain de tenter d'y apporter une réponse appropriée. Ce sera l'un des objectifs du groupe de travail consacré à l'édification de notre plate-forme européenne de discussion et d'action.

Ensuite, il nous faudra réfléchir collectivement à la réponse à apporter dans chaque pays, au cas par cas. Disposons-nous déjà d'un certain nombre de relais, comme en Belgique ? Connaissons-nous des individus susceptibles de porter notre projet dans ces différentes régions ? Mais surtout, quel est notre véritable objectif à long terme ? Souhaitons-nous construire une simple plate-forme de débats et d'échanges avec d'autres partis, ou bien implanter notre propre mouvement à l'étranger ?

On l'aura compris, je milite ici pour la construction à moyen terme d'un parti transeuropéen, présent dans chacun des pays de l'Union, avec un socle programmatique commun. Les revendications spécifiques à chaque pays viendraient ultérieurement se greffer sur ce socle commun.

Il ne s'agit pas d'un choix dogmatique, mais de la meilleure façon de faire progresser notre propre vision de la société partout en Europe. En résumé, je pars de l'idée qu'une réforme radicale de la société française ne pourra se faire qu'en obtenant le soutien d'un grand nombre de citoyens européens, voire de dirigeants issus de Nouvelle Donne Europe. Il sera plus difficile pour un gouvernement étranger de s'opposer frontalement à nos propositions si elles sont soutenues par un pourcentage important de leur population.

Comment procéder ? Pour répondre à cette question, il faut à nouveau se replonger dans l'histoire de la genèse de Nouvelle Donne en France. Le point de départ fut un appel d'un certain nombre de personnalités politiques et de citoyens issus de la société civile à la constitution d'un mouvement radicalement novateur, tant du point de vue de son programme que de son organisation interne.

Après avoir fait l'état des forces en présence, la seconde phase de notre action devrait donc cibler un certain nombre de personnalités médiatiques et de mouvements citoyens susceptibles d'être intéressés par notre projet. Cette tâche nécessite une bonne connaissance de la situation générale des pays concernés, tant économique et sociale que politique.

La présence de binationaux au sein de Nouvelle Donne peut se révéler un atout majeur, tout comme les adhérents français résidant à l'étranger. Je reste persuadé que chacun d'entre eux ne rêve que d'une seule chose : que notre mouvement trouve un écho dans leur pays d'origine (ou d'adoption). Bien entendu, il y a un monde entre le souhait et l'action. Il est bien plus facile de rêver que d'agir. Mais la plupart des personnes que j'ai rencontrées au sein de nos diverses réunions avaient ce point commun : une intense volonté d'agir pour changer la donne.

Je dirais même qu'au niveau local, une grande partie de ceux qui assistent à nos débats et qui ne reviennent plus ont été déçus parce que nous n'avons pas su leur proposer d'action concrète et immédiate. Rien ne valorise plus un militant que le sentiment de pouvoir prendre part à la construction de l'édifice, de se rendre enfin utile à la société.

Notre deuxième atout réside dans les réseaux dont disposent déjà la plupart des membres fondateurs de Nouvelle Donne, ou des personnalités qui s'y sont rattachées par la suite. Leur carnet d'adresses est un outil précieux. Rien de tel que de connaître personnellement quelqu'un pour le persuader du bien-fondé de nos idées. Ici, la difficulté la plus importante réside dans la volonté, ou plutôt l'absence de volonté de s'engager dans un tel projet. Il n'y a rien d'évident à ce que cette idée soit applaudie des deux mains, comme en témoigne la prudence concernant la mise à l'ordre du jour de la question du parti transeuropéen.

Encore une fois, je ne remets pas en cause la pertinence du raisonnement de nos dirigeants. Je ne suis pas détenteur de la Vérité, et je suis susceptible, comme chacun d'entre nous, de me fourvoyer dans une mauvaise direction. Mais si Nouvelle Donne devient ce qu'elle a promis d'être, c'est-à-dire une structure démocratique, horizontale et transparente, où chacun doit se sentir libre de donner son point de vue même s'il est minoritaire, il est du devoir de chaque militant de faire usage de ce droit d'expression. Nouvelle Donne se doit de devenir une structure collective issue d'apports individuels. Chacun doit apporter sa pierre. Rien n'est plus désagréable que d'entendre quelqu'un se plaindre de quelque chose sans apporter la moindre proposition alternative. Nouvelle Donne sera ce que l'on en fera.

J'invite donc chacun de ceux qui se sentent concernés par l'idée de la construction d'un parti transeuropéen à demander la mise à l'ordre du jour de ce thème au sein de leur Comité Local. Ceux-ci ne doivent pas se résumer à répercuter les décisions nationales au niveau local. Bien au contraire, ils sont et doivent rester le cœur du foisonnement intellectuel de Nouvelle Donne. Il n'y a aucun complexe à avoir par rapport aux débats d'experts. Chaque citoyen peut et doit prendre part aux débats, quels qu'ils soient.

Bien entendu, étant donné la taille restreinte des Comités Locaux, il n'est pas évident qu'un tel sujet puisse intéresser un nombre suffisant de militants au niveau régional. D'où l'importance de constituer des groupes de travail organisés à l'échelle nationale – ou plutôt internationale – sur ce thème. Nous disposons déjà d'outils performants nous permettant de constituer de tels cercles de réflexion et d'action. Les forums internes en sont un bon exemple, mais ils ne peuvent se suffire à eux-mêmes. Ils ne sont qu'une première étape vers la constitution d'un véritable groupe de travail, organisé en conséquence, avec un calendrier et des dates de réunion régulières.

A ceux qui douteraient de la faisabilité de l'organisation de telles réunions, rappelons qu'Internet a radicalement changé la donne en ce domaine. Les réunions par visioconférence sont faciles à organiser via des logiciels gratuits comme Skype®, du moins lorsque le nombre de participants n'est pas trop élevé. A titre d'exemple, nous avons pu organiser avec succès une réunion à Bruxelles comportant un certain nombre de personnes présentes sur place et d'autres par visioconférence.

Le plus important reste de savoir concrétiser les actions proposées par ces groupes de travail. Inutile de se perdre en longues soirées de débats si cela n'aboutit à rien de concret. Rien n'est plus décourageant que de se donner du mal durant des semaines pour voir son travail écarté d'un revers de main par des oreilles inattentives. Cela peut nous donner l'impression que l'on est autorisé à débattre tout en ayant décidé à l'avance du sort de nos conclusions. Ce sentiment peut être justifié ou fantasmé, mais dans tous les cas il est démobilisateur.

Il est donc fondamental que la co-construction de Nouvelle Donne aboutisse à l'édification d'une structure laissant une certaine marge de manœuvre aux initiatives locales et accordant une grande légitimité aux propositions émanant des commissions thématiques nationales. D'une manière générale, je suis favorable à ce que des Comités Locaux puissent se créer à l'étranger de manière autonome et de leur propre initiative.

Qui pourrait contester à un groupe de sympathisants européens le droit de créer leur propre structure nationale ? Rien n'interdit de créer « Nouvelle Donne Allemagne », « Nouvelle Donne Italie » ou « Nouvelle Donne Suède ». Et il est désolant de constater que les sympathisants belges de Nouvelle Donne se soient vus dissuader de se présenter aux élections européennes en Belgique. Certes, rien ne dit qu'ils auraient obtenu un score honorable. Mais rien ne dit le contraire non plus. Et dans tous les cas, il en serait resté quelque chose, un embryon appelé à se développer dans le futur, un réservoir de soutien aux idées que nous défendons.

A titre personnel, en tant que simple militant, il me semble primordial d'amorcer dès maintenant l'émergence de Nouvelle Donne à l'étranger. La tâche peut paraître insurmontable : mais qu'est-ce qu'un mouvement politique, à ses tout débuts ? Quelques personnes réunies autour d'une table.

Par exemple, comment s'est construit ATTAC ? A partir de quelques citoyens éparpillés dans différentes villes réagissant à un édito du Monde Diplomatique. Avec quelques connaissances, ils ont discuté de la possibilité de créer une structure capable de porter leur projet. Rappelons qu'à ce moment-là, l'objectif était de créer une taxe Tobin sur les transactions financières, dont le produit devait servir à financer l'éradication de l'extrême pauvreté dans le monde. A cette époque, ils ne disposaient d'aucun réseau, d'aucune structure politique ou associative existante pour mener à bien leur projet d'apparence si utopiste. Et pourtant, ATTAC a bien vu le jour et a émergé aux quatre coins de la planète. Sachons nous inspirer de cette expérience pour développer notre mouvement partout où nous le pourrons. Vous pouvez prendre part à cette aventure. Ne doutez jamais de vos capacités de mobilisation ! L'enthousiasme est communicatif.

Nul besoin de réunir des milliers de personnes dès le départ pour lancer un projet, aussi ambitieux soit-il. Quatre à cinq personnes motivées et décidées à agir sont suffisantes pour commencer à organiser des réunions et amorcer un mouvement d'ensemble. Certains Comités locaux de Nouvelle Donne ne réunissent que cinq à dix personnes : cela signifie-t-il qu'ils ne servent à rien ? Sûrement pas. La minorité agissante au sein d'une population donnée se réduit souvent à bien peu de chose, ce qui ne signifie pas qu'elle n'a aucune influence sur le monde qui l'entoure.

Alors n'hésitons plus, et agissons ! Que risquons-nous ? D'échouer ? Et alors ? Au moins, nous aurons essayé. Nouvelle Donne se doit de rester un espace de débat collectif faisant la part belle aux initiatives individuelles. Par conséquent, chacun doit agir selon sa propre conscience et savoir faire entendre sa voix, qu'il soit en France ou à l'étranger.

Agir dès maintenant auprès des citoyens

Agir en dehors des périodes électorales

Quel est le reproche le plus fréquemment adressé aux politiques ? « *On ne vous voit qu'au moment des élections. Ensuite, il n'y a plus personne* ». Bien entendu, on pourrait rétorquer que lorsqu'on est élu, notre devoir réside avant tout dans le fait d'assister aux réunions de l'Assemblée, et non pas d'arpenter les marchés à la rencontre des habitants. C'est parfaitement exact, mais cela reste un argument difficilement défendable.

Le citoyen a le sentiment que les hommes politiques se détournent de lui dès les élections passées. Ce n'est pas complètement faux, bien qu'il nous faille éviter toute généralisation hâtive : l'action politique n'a pas forcément d'impact visible dans l'immédiat. De plus, nous avons tous tendance, de manière plus ou moins consciente, à ne remarquer que ce qui va mal. Quand on augmente une prime ou une indemnité de 1%, on prétend qu'il s'agit d'une aumône, représentant à peine quelques euros par mois. Par contre, lorsqu'on augmente un prélèvement de 1%, on crie au scandale en invoquant immédiatement les vacances que l'on ne pourra plus se payer ou les sorties qu'il nous faudra restreindre. L'objectivité n'est pas notre fort.

Ce que les citoyens attendent avant tout des hommes politiques, c'est qu'ils s'occupent d'eux en-dehors des périodes électorales. De ne pas se sentir abandonnés. En période de forte croissance, ce sentiment d'abandon ne pose pas de problème majeur, chacun voyant son quotidien s'améliorer. Mais en période de crise, de marasme perpétuel, où l'on devine que l'on vivra sans doute moins bien que nos aînés, cette défiance vis-à-vis du politique inflige bien plus de dégâts à la démocratie. Le repli sur soi et la crise identitaire qui en découlent laissent le champ libre aux démagogues et aux populistes.

Par conséquent, si nous voulons redonner confiance en l'action politique, il nous faut tout mettre en œuvre pour que nos idéaux puissent se traduire immédiatement en termes concrets. Il nous faut trouver une passerelle entre le temps long des grandes décisions politiques et le temps court de l'efficacité au quotidien. Les grandes utopies se bâtissent sur de petites victoires.

Pourquoi les citoyens feraient-ils confiance à Nouvelle Donne pour ne pas se comporter « comme les autres » lorsque nous serons au pouvoir ? Nous aurons beau leur montrer combien notre fonctionnement est démocratique, les assurer de la pertinence de notre programme politique, le doute persistera largement dans leur esprit : « *ils feront comme les autres. Tous les mêmes.* ». Si nous n'agissons pas très concrètement dès aujourd'hui, nous n'aurons aucun argument crédible à leur opposer.

Ce sentiment sera encore renforcé par le fait que nous ne prendrons pas le pouvoir demain, ni même après-demain. Nous sommes loin d'être en capacité de remporter la prochaine présidentielle, ou même la suivante. A court ou moyen terme, si nous obtenons quelques députés, maires ou conseillers régionaux, ce ne sera déjà pas si mal. Mais pour remporter la majorité des sièges à l'assemblée, il nous faudra certainement beaucoup de temps. Cela signifie donc que si nous ne faisons rien, nous ne serons pas en mesure d'appliquer notre programme durant toutes ces années. Et même en supposant que nous accédions un jour aux responsabilités, qu'elles soient locales ou nationales, il est fort probable que nous n'y arriverons pas seuls. Nous nous verrons dans l'obligation de passer des alliances, et donc d'accepter de douloureux compromis.

Entre parenthèses, je suis particulièrement défavorable aux alliances nécessitant un reniement de ses convictions et un abandon de ses promesses de campagne sur l'autel de la Realpolitik. Mieux vaut ne pas accéder au pouvoir et conserver ses idéaux que de décevoir à nouveau les électeurs. Naturellement, je ne ferme pas la porte à toutes les alliances, et j'admets que certaines peuvent se dérouler de manière transparente, démocratique et sans trahir nos convictions profondes. Mais cela ne peut se faire qu'au cas par cas, et avec de grandes précautions.

Même en accédant au gouvernement, il nous sera difficile d'y arriver seuls. Nous n'aurons jamais les mains complètement libres, sauf à obtenir la majorité absolue. Nous aurons donc non seulement à affronter la pression des marchés financiers et celle des Etats hostiles à notre politique, mais également à composer avec nos futurs alliés. Rien ne permet donc d'affirmer avec certitude que nous pourrons tenir l'ensemble de nos promesses. Tout au plus pouvons-nous promettre que nous ferons sincèrement tout ce qui est entre notre pouvoir pour y parvenir.

C'est pourquoi il importe de commencer à tenir nos promesses… avant d'accéder au pouvoir ! Ou plutôt avant d'être élu là où est censé se blottir le pouvoir. Par quel miracle ? Revenons à ce qui est le cœur de cet ouvrage : la détermination des lieux de pouvoir. Nous l'avons vu, les dirigeants nationaux ont perdu prise face aux lois du marché : non pas du fait de leur incompétence ou de leurs mauvaises décisions, mais du fait que les Etats n'ont plus l'envergure nécessaire pour pouvoir dicter leur loi au marché (à de rares exceptions près). Seule une Europe fédérale aurait – peut-être – les moyens de ses ambitions. Mais nous n'en sommes pas là.

Pour l'instant, nous devons accepter le monde tel qu'il est. Apporter les prémices du changement, tout en tenant compte des réalités.

Des pistes vers la prise du pouvoir

Les détenteurs du pouvoir sont multiples : Etats, organisations internationales (ONU, FMI, Banque Mondiale,…), multinationales, multimilliardaires, personnalités médiatiques, etc. S'attaquer au seul élément atteignable démocratiquement, c'est-à-dire l'Etat, se révèlera par nature insuffisant. Cela peut paraître choquant, mais c'est une réalité. Nous sommes conditionnés par la situation qui prévalait encore au XIXème siècle et dans la première moitié du XXème, où la puissance publique régnait en maître.

L'ONU fut créée le 26 juin 1945, en remplacement de l'inefficace Société des Nations. Le FMI naquit en 1944, et la Banque Mondiale en 1945. Au début du XXème siècle, les multinationales étaient certes présentes, mais rares étaient celles de taille comparable aux grandes entreprises d'aujourd'hui, dont le chiffre d'affaires dépasse largement le PIB de nombreux pays. Et surtout, malgré le début de leur internationalisation, elles restaient encore largement dépendantes de la politique menée dans leur pays d'origine. La délocalisation des sièges sociaux, la ramification en multiples filiales permettant d'échapper à l'impôt commençaient à émerger, mais sans aucune mesure avec la situation actuelle. Les médias de masse n'en étaient qu'à leurs balbutiements, avec la radio puis la télévision. Quant à Internet, il n'existe que depuis une vingtaine d'années à peine. Le pouvoir médiatique planétaire est une invention relativement récente. La globalisation totale n'existe donc que depuis quelques décennies.

En outre, l'émergence de ces nouveaux acteurs fut suivie d'un affaiblissement volontaire de la puissance publique lors du tournant néolibéral des années 80. C'est ce virage que les partis « de gauche » voudraient voir inversé. Je ne peux que soutenir cette idée. Mais imaginer que nous pourrons revenir à la situation antérieure, sans tenir compte de la dilution actuelle du pouvoir, me paraît être une erreur. Si l'option néolibérale a pu l'emporter, c'est bien sûr du fait de la volonté de Mme Thatcher et de M. Reagan, mais aussi car les Etats avaient déjà perdu de leur superbe. Je suis convaincu que les Etats-Nations ne retrouveront jamais leur indépendance d'autrefois, et au fond je n'en suis pas mécontent. Les enjeux majeurs du XXIème siècle (réchauffement climatique, perte de biodiversité, épuisement des ressources naturelles...) nécessitent des décisions prises à l'échelle planétaire, qui n'ont que peu de chances d'émerger *via* des consensus *a minima* entre 200 pays. Par conséquent, il nous faut imaginer un nouveau mode de gouvernance démocratique, à une échelle adaptée aux enjeux d'aujourd'hui.

A ce sujet, comme le dit Jean Gadrey, « *il n'existe pas d'autre issue que l'action collective coordonnée de toutes ces composantes de la société civile mondiale, qui placent au premier plan, du local à l'international, la solidarité et la justice, la démocratie et le souci de la préservation des multiples patrimoines naturels et sociaux d'une bonne société* »[14]. Mais qui d'autre qu'un mouvement politique est susceptible de coordonner une telle action collective ? Qui en aurait la légitimité ? Pour pouvoir amorcer un tel mouvement d'ensemble, il faut au préalable s'entendre sur une certaine vision de la société idéale vers laquelle nous devrions converger. Autrement dit, nous accorder sur un projet politique.

Or l'émiettement du monde associatif et la diversité de leurs idées ne lui permet pas de construire un tel modèle théorique. Tout au plus les associations peuvent-elles se réunir en fédérations visant à se regrouper autour de causes plus ou moins similaires. Mais il ne faut pas attendre de leur part de se mettre à construire d'elles-mêmes un projet de société. Ce n'est pas leur rôle. C'est au politique de réfléchir à ce sujet, puis de déterminer le type de mouvements citoyens dont les objectifs sont en cohérence avec ses idées. C'est le seul moyen de faire converger ces millions de gouttes d'eau et de les transformer

---

[14] Jean GADREY, Adieu à la Croissance, bien vivre dans un monde solidaire, Editions Les petits matins/ Alternatives Economiques, 2012

en un puissant fleuve, capable de remodeler l'ensemble du paysage politique. Comme l'écrit Susan George, « *nous avons le nombre (donc aussi les bulletins de vote), nous avons aussi l'imagination, les idées, les propositions rationnelles ainsi que la plupart des compétences et des connaissances scientifiques ; nous appartenons à une multitude bigarrée d'organisations formelles et informelles qui luttent pour changer les choses... Collectivement, nous avons même de l'argent. Ce qui nous manque, c'est l'unité et l'organisation de l'adversaire, et, trop souvent, la conscience de notre puissance potentielle* »[15]. L'unité et l'organisation ne peuvent provenir que d'une formation politique.

La société civile au secours du politique

Nous venons de le voir, la sphère étatique s'est effritée par le haut : d'autres puissances, de tailles comparables ou supérieures ont sapé ses fondements et l'ont livrée aux lois du marché. Mais comme le dit souvent Edgar Morin, « *là où croît le péril croît aussi ce qui sauve* »[16].

---

[15] Citation extraite de l'ouvrage de Jean Adrey, Adieu à la croissance, ibid.
[16] Citation issue du poète Hölderlin

Les espaces vides laissés par le désengagement de l'Etat ont été – partiellement – comblés par la société civile. La générosité, l'entraide, l'altruisme ont favorisé l'émergence d'associations d'intérêt général, d'ONG puissantes dont les ramifications s'étendent sur toute la surface de la planète. Il serait vain d'essayer de les citer toutes, même en se limitant à celles d'envergure internationale. Pensons quand même à Amnesty International, Médecins sans frontières, Greenpeace, le WWF, Transparency International, Action contre la faim, Handicap International, Human Rights Watch, etc.

A côté de ces géants de l'humanitaire, on trouve une myriade de petites structures d'envergure régionale ou locale, défendant ou combattant tel ou tel projet, menant des initiatives originales et des expériences inédites. Même s'il est impossible de les quantifier, il est probable que leur poids cumulé soit bien supérieur à celui des mastodontes précédents. C'est souvent à travers ces modestes initiatives locales que les citoyens s'engagent le plus fortement et agissent collectivement pour changer la société.

L'aide aux plus démunis, qui devrait être du ressort de l'Etat, est largement assurée par des organisations comme les Restos du Cœur ou le

Secours Populaire. L'accès aux soins par Médecins du Monde. Celui à l'éducation par des associations de soutien scolaire dans les quartiers défavorisés. La défense de l'environnement par de multiples comités locaux de sauvegarde de la nature.

Ainsi, chaque individu a pris part à l'édification d'un monde plus juste. Mais que pèsent ces initiatives individuelles face aux multinationales ou aux intérêts des puissants ? En apparence, il s'agit du combat du pot de terre contre le pot de fer. La réalité est probablement plus nuancée. La capacité de certaines associations à sensibiliser l'opinion publique peut amener à infléchir une politique ou à contrecarrer un projet néfaste pour l'environnement. Les exemples ne manquent pas.

La société civile est donc devenue un outil de pouvoir à part entière, et nous aurions bien tort de la négliger. Elle est devenue un véritable contrepoids à la loi du marché. Dans notre analyse des lieux de pouvoir au XXIème siècle, elle a toute sa place. L'infléchissement de la politique économique globale ne pourra se faire sans son soutien.

Construites en réponse aux manquements de l'Etat, de nombreuses ONG et associations Loi

1901 revendiquent haut et fort leur indépendance de la sphère politique, se méfiant – parfois à juste titre – des tentatives de récupération. Pourtant, en participant à la vie de la Cité, en tentant de l'orienter, de modifier ou d'abroger certaines décisions, ces organisations jouent un rôle éminemment politique, bien qu'indépendant des partis.

Cette déconnexion entre la société civile et les partis politiques, si elle peut se comprendre d'un point de vue historique, me paraît aujourd'hui dépassée. Il me semble légitime, pour ne pas dire essentiel, qu'un parti politique s'intéresse de près aux différentes initiatives que prennent les citoyens à titre individuel ou collectif. Ces deux milieux d'apparence si éloignés auraient tout intérêt à discuter ensemble et à agir de concert.

Pour le milieu associatif, il est essentiel de trouver des relais dans le monde politique pour soutenir leurs projets ou défendre leur cause. Seul le politique détient la légitimité démocratique pour concrétiser les aspirations issues de la société civile.

Pour les partis politiques, l'intérêt est encore plus évident. Je ne parle pas ici des visées électoralistes, c'est-à-dire du soutien intéressé à certaines associations en vue d'un retour d'ascenseur lors des prochaines élections. Ce clientélisme, même s'il peut s'avérer payant à court terme, finit toujours par engendrer la méfiance légitime du milieu associatif et des simples citoyens, qui se sentent floués lorsque les promesses sont oubliées.

Je parle donc du gain véritable que peut obtenir un parti politique dans le cadre d'une démarche sincère auprès du milieu associatif. Je devrais d'ailleurs mettre le mot « gain » au pluriel, tant les avantages sont nombreux. Essayons d'en présenter quelques-uns.

- **L'apprentissage :**

Nous avons tout à apprendre du milieu associatif. C'est là que surgissent la plupart des innovations sociales et environnementales. Là que se prennent les initiatives les plus originales et les plus audacieuses pour tenter de transformer la société. Certaines ne sont pertinentes qu'au niveau local et ne pourraient être généralisées à l'échelle nationale ou européenne. Elles devraient cependant être soutenues et encouragées par nos différents comités locaux. D'autres mériteraient une attention plus soutenue et une véritable réflexion de notre part pour convaincre les collectivités locales de les soutenir financièrement, ou pour transformer ces expériences régionales en propositions de loi à l'Assemblée.

En restant engoncé dans un entre-soi malsain, le monde politique se prive de l'ouverture d'esprit et du foisonnement intellectuel présent dans le milieu associatif. Reconnecter le monde politique à la réalité de la société peut passer par un apprentissage issu d'une meilleure connaissance des initiatives citoyennes.

- **La concrétisation de nos idéaux**

Aveuglés par l'obsession des élections, les partis politiques n'imaginent pas être en mesure d'appliquer leurs idées sans accéder au pouvoir, ou plutôt à ce qu'ils croient être le pouvoir. Pourtant, les dernières décennies auraient dû nous alerter sur la déconnexion croissante entre la victoire aux élections et la capacité à réformer la société.

Alors, pourquoi ne pas tenter de concrétiser dès maintenant nos belles idées ? De les confronter avec le réel ? Je ne parle pas des mesures nécessitant une décision au sommet de l'Etat, comme celles concernant la redistribution fiscale ou la création monétaire. Je pense à tout ce qui touche à notre philosophie générale, notre conception du vivre-ensemble, notre perception de l'intérêt général. A nos engagements éthiques.

Nombre d'initiatives citoyennes rentrent parfaitement dans le cadre de nos aspirations politiques. Que ce soit dans le domaine social ou environnemental, de multiples initiatives vont dans le sens de ce que nous estimons être l'intérêt général. Pourquoi nous abstenir de les soutenir ? Pourquoi rester en retrait, comme si cela ne nous concernait pas ? A mon sens, il est de notre devoir de participer activement à l'action citoyenne, sans attendre une hypothétique victoire électorale.

Par quels moyens ? Pour répondre à cette question, l'idéal serait de commencer par en discuter avec les premiers concernés, c'est-à-dire les mouvements citoyens. Ils sont les plus à même de décrire leurs propres besoins. Tentons cependant de réfléchir à quelques pistes, afin de ne pas arriver les mains vides lors d'une première rencontre.

Le soutien le plus facile à proposer est celui du « coup de main » bénévole que pourraient apporter quelques adhérents volontaires. Certaines associations manquent parfois tout simplement de bras pour pouvoir réaliser leurs projets. A titre d'exemple, il a été proposé à Montpellier de donner un coup de main à une association qui organisait une journée de collecte des déchets au bord d'une rivière. On peut aussi imaginer participer à la rénovation d'habitats insalubres, à des journées de sensibilisation à la laïcité dans les établissements scolaires, à participer à des manifestations en faveur d'un projet environnemental, etc. Certes, toutes ces micro-initiatives peuvent paraître dérisoires. Pourtant chacune d'entre elles contribue, à son échelle, à l'amélioration du quotidien de la population. Tout acte positif, aussi infime soit-il, participe à l'amélioration de la société et contribue à la valorisation de l'action politique.

D'une manière générale, je suis favorable à ce que les Comités Locaux bénéficient d'une autonomie suffisante pour pouvoir engager eux-mêmes un certain nombre d'actions de terrain. En effet, se référer au National pour chaque initiative locale impliquerait de se tourner à nouveau vers une structure hiérarchique verticale contraire à la

Charte de Nouvelle Donne. De plus, cela génèrerait une telle inertie de fonctionnement que la plupart des projets ne verraient jamais le jour. Rien de tel pour saper l'enthousiasme imaginatif des militants.

On me répondra sans doute que l'on ne peut se permettre d'avoir des Comités Locaux prônant une ligne politique différente de celle présentée au niveau national. Mais il ne s'agit absolument pas de cela : j'ai bien conscience que pour rester crédibles, notre communication extérieure doit être cohérente, quelle que soit la région dans laquelle on se trouve. Je parle seulement d'initiatives locales concrètes comme l'organisation de débats publics, de cafés-citoyens, de soutien à des mouvements associatifs, à des projets innovants, à des modes de production alternatifs ou bien d'autres choses encore.

Le deuxième type de soutien à apporter relève du domaine médiatique. Beaucoup d'initiatives locales souffrent cruellement de leur manque de visibilité. Certes, nous pâtissons également de cette absence de relais médiatiques. Pourtant, nous disposons quand même d'un certain nombre d'outils de communication internes ou externes. Par exemple, nous pourrions aisément transmettre une information à l'ensemble de nos adhérents résidant dans la région concernée par une initiative citoyenne. Pour une petite association locale, pouvoir communiquer ainsi auprès de plusieurs centaines de personnes *a priori* sensibles à la cause qu'elles défendent peut s'avérer particulièrement précieux. Nous pouvons également relayer cette information sur nos pages Facebook ou sur notre forum. Celui-ci pourrait d'ailleurs comprendre une rubrique spécialement dédiée aux mouvements associatifs que nous soutenons.

Nous pouvons aussi nous engager dans une démarche de conseil. Que ce soit dans le domaine administratif, juridique ou social, les associations comme les simples individus ont souvent grand besoin de conseils en la matière : qui contacter pour obtenir une subvention, comment embaucher un salarié, tenir sa comptabilité, etc.

Or beaucoup d'entre nous sont des habitués du monde associatif et de la sphère politique. Nous disposons donc des compétences nécessaires pour pouvoir apporter une aide efficace et concrète. Et si le Comité Local de Nouvelle Donne ne dispose pas de ces compétences, une cellule permanente à l'échelon national peut être constituée autour de ces questions. Les membres d'associations comme les simples citoyens pourraient tout simplement trouver un espace réservé sur notre forum pour pouvoir poser leurs questions.

Enfin, nous pouvons également tenter d'apporter un soutien financier via un simple appel aux dons. Il ne manque parfois que quelques centaines d'euros pour boucler un projet, et toute aide est la bienvenue. Cela pourrait concerner des besoins ponctuels nécessaires au milieu associatif pour mener un projet à bien, ou même le financement d'un micro-crédit permettant à un individu de créer son propre emploi. Pour aller encore plus loin, nous pouvons imaginer des investissements collectifs dans les projets qui nous tiennent le plus à cœur.

N'étant pas un spécialiste de la législation concernant les partis politiques, je ne me hasarderai pas à préciser le type de structure juridique dont nous aurions besoin pour pouvoir effectuer de tels investissements. Cependant, l'économie sociale et solidaire regorge de projets dans lesquels Nouvelle Donne pourrait s'engager positivement. Et même si nous ne souhaitons pas nous engager dans cette direction, nous pourrions au minimum ouvrir un compte courant dans une banque éthique du type de la NEF[17], dont nous reparlerons plus loin.

Serons-nous bien accueillis par les militants associatifs ? Probablement pas. Il existe une méfiance viscérale des mouvements citoyens envers la récupération politique, et on ne peut guère le leur reprocher. Il nous faudra faire nos preuves quant à la sincérité de notre démarche. C'est pourquoi nous devrions rester modestes dans nos objectifs, et commencer par des associations de petite taille, celles qui ont le plus de difficultés à exister, et dont les objectifs s'accordent pleinement avec notre ligne politique.

Encore une fois, si nous voulons être convaincants et efficaces, nous ne devons rien espérer en

---

[17] Société financière de la Nef, société anonyme coopérative financière à capital variable.
Informations sur www.lanef.com

retour, si ce n'est la satisfaction personnelle d'avoir contribué, même modestement, à l'amélioration de la société.

Le projet WholeStreet

Il y a quelques années de cela, nous avions tenté avec quelques amis de créer une sorte de forum web réunissant diverses associations venant y partager leurs expériences et populariser leur action. Nous l'avions baptisée « WholeStreet ». Il s'agissait bien entendu d'un pied-de-nez à Wall Street, les mots Whole Street signifiant « toute la rue », autrement dit l'ensemble des citoyens face au monde de la finance.

Cette initiative devint rapidement un succès, rassemblant des dizaines d'associations aussi diverses que variées, et des centaines de leurs adhérents venus discuter sur le forum. Chacun y était invité à voter pour son ou ses associations préférées, qui grimpaient ainsi dans une sorte de classement de popularité. L'argent récolté par la publicité était ensuite réparti entre les différentes associations en fonction du nombre de votes obtenus. Les membres étant invités à revenir régulièrement voter pour l'asso de leur cœur, le trafic devint rapidement important.

Mais au-delà de l'aspect purement financier, ce qui réunissait avant tout les utilisateurs de ce forum, c'était le partage collectif d'expériences aussi diverses que variées. On y retrouvait aussi bien des associations de défense de la nature que le Chœur des enfants de Poitiers, au milieu d'associations humanitaires en tout genre. Cet éclectisme permettait de réunir des personnes issues d'univers très différents autour d'un sentiment d'enthousiasme collectif, lié au respect de chacun pour le travail bénévole des autres. Des rencontres physiques furent même organisées entre différentes associations.

Le but de ce site était de trouver un mode de financement original du monde associatif, dont les ressources se tarissent inexorablement. Malheureusement, de ce point de vue-là, l'objectif ne fut pas atteint. Certes, quelques fonds ont pu être récoltés et redistribués. Mais le trafic, bien qu'important, ne générait pas suffisamment de ressources publicitaires pour pouvoir prétendre être réellement efficace. De plus, une structure aussi ambitieuse ne pouvait survivre à long terme en ne se reposant que sur quelques épaules. La fatigue et le manque de résultats probants ont fini par sonner le glas de l'aventure.

Pourtant, nous ne regrettons rien, même si nous y avons consacré énormément de temps et d'énergie. Au moins, nous avons essayé. Et il en est resté un certain nombre d'histoires, d'échanges, de rires, d'encouragements qui résonnent encore aujourd'hui dans nos têtes.

De plus, rien n'est jamais réellement terminé. Cette expérience doit nous permettre d'apprendre des erreurs que nous avons commises. Le modèle économique était inapproprié. La charge de travail sous-estimée. Mais rien ne nous empêche d'y réfléchir à nouveau, de trouver d'autres solutions pour résoudre ces problèmes techniques et organisationnels. L'objectif fixé ne devrait sans doute pas se limiter au financement associatif, même si l'on peut toujours imaginer que les associations recueillant le plus de votes reçoivent un coup de pouce financier. Mais la publicité, prise isolément, ne peut être vue comme une ressource financière suffisante.

De plus, si l'on imagine remettre cette idée à l'ordre du jour, on conçoit difficilement Nouvelle Donne développer un tel type de projet s'appuyant sur de la publicité provenant de banques, de sites de jeu en ligne ou de spéculation sur le Forex… Il nous faudra donc faire travailler notre imagination pour trouver des solutions à ce problème. Mais je suis sûr que certains, parmi vous, sauront y répondre !

Alors, pourquoi ne pas imaginer Nouvelle Donne soutenant et mettant en place un projet de ce type ? Libre à nous de choisir les critères permettant de définir les associations dont l'objectif est en conformité avec notre vision du monde, et avec les valeurs sous-jacentes à notre Charte Ethique. La plupart des associations ont un grand besoin de visibilité, que cet espace serait à-même de leur offrir. En outre, divers outils pourraient être mis à leur disposition : renseignements utiles pour créer ou gérer sa structure, conseils juridiques, etc.

Ce projet de site collaboratif inter-associations n'est qu'une idée parmi tant d'autres. Il y a de multiples façons d'interagir positivement avec la société civile. A nous de faire preuve d'un peu d'imagination !

Agir dans le domaine social

La situation sociale de la société actuelle, marquée par le chômage de masse et la montée en flèche de la précarité, est sans doute la plus grande source d'angoisse et de mal-être des citoyens de la plupart des pays développés. En tant que mouvement politique, il est de notre devoir de répondre à ces immenses attentes. D'une manière générale, les partis se contentent de produire des idées (quand ils en produisent) et de les présenter aux citoyens lors des différentes échéances électorales. La tentation est alors grande de se contenter de promesses mirifiques mais sans lendemains. Il suffit de passer dans l'opposition pour se remettre à critiquer le gouvernement et à défendre des mesures que l'on n'a pas su ou pu appliquer durant son mandat précédent.

Ce comportement détestable doit cesser. Non seulement parce qu'il est inefficace, mais également car l'accumulation des promesses non tenues mine chaque jour un peu plus la confiance des électeurs en la politique et sape les fondements de la démocratie.

Un parti politique doit se préoccuper à la fois de macroéconomie et de microéconomie. Autrement dit, nous ne devons pas nous contenter de produire des idées censées tout régler lors de notre hypothétique prise du pouvoir. Bien avant les élections, nous devons tout mettre en œuvre pour aider les citoyens les plus défavorisés, de manière locale et directe. Non seulement nous gagnerons en popularité et en légitimité, mais nous en tirerons de précieux enseignements sur ce qui pourrait fonctionner ou non à grande échelle.

Comment procéder ? Là encore, inutile de chercher à réinventer la roue. Le monde associatif, voire les simples individus, ne manquent ni d'originalité ni d'efficacité dans leur soutien aux plus démunis. Il nous reste seulement à étudier en quoi ce qui fait notre spécificité – le fait d'être un mouvement politique – peut nous permettre de jouer un rôle complémentaire. Ce qui nous caractérise, c'est notre ambition de définir un modèle global de société. Nous tentons de réunir certaines mesures entre elles, d'en faire un ensemble cohérent, fidèle à nos valeurs et applicable à l'ensemble de la nation. Notre rôle premier est donc celui d'un catalyseur des initiatives locales. De par notre proximité avec le milieu politique en général, de par nos différents réseaux médiatiques ou cercles d'influence, nous avons les moyens de faire connaître et de développer des initiatives qui sans nous seraient restées isolées.

Rien ne nous empêche de présenter telle ou telle initiative associative en conseil municipal, même si nous sommes dans l'opposition, même si nous ne sommes que de simples citoyens perdus au fond de la salle. Ne gaspillons pas notre temps à critiquer l'action de nos opposants politiques, d'autres le font très bien à notre place. Nous n'avons aucune plus-value à apporter de ce côté-là. Par contre, utiliser notre force de proposition, faire preuve d'enthousiasme, de sens de l'initiative, voilà qui changerait un peu ! Peut-être ne serons-nous pas écoutés. Peut-être nos idées seront-elles écartées d'un revers de main. Mais au moins nous aurons rempli notre devoir en tant que mouvement politique et citoyen. Et si l'équipe en place décide de suivre nos propositions, sachons nous en satisfaire et à l'en féliciter, y compris et surtout si elle ne fait pas partie du même camp que nous. Sachons saluer ce qui mérite de l'être, et la politique en sortira grandie. Proposer et agir, telle doit être notre devise.

Agir dans la défense de l'environnement

On présente bien souvent les problèmes environnementaux comme étant une préoccupation de riches. Les plus pauvres veulent avant tout trouver de quoi manger, n'est-ce-pas ?

Sauver la nature est une lubie de bobos parisiens, prompts à sauver l'ours polaire et oubliant le sans-abri qui dort devant la porte de leur immeuble.

Certes, il est parfaitement exact de dire que ceux qui n'ont rien ou si peu se lèvent chaque matin pour trouver de quoi se nourrir et subvenir à leurs besoins fondamentaux. Pourtant, ils sont également les premiers touchés par la dégradation de leur environnement, par les sécheresses ou les moussons dévastatrices dans les pays du sud, par les rejets de produits toxiques en Chine ou en Russie, par la contamination de l'eau ou par la malbouffe dans les pays développés. Il est d'ailleurs significatif de constater que l'épidémie d'obésité touche en premier lieu les populations les plus pauvres des pays les plus riches.

Améliorer la qualité de vie des plus nécessiteux passe également par la défense de l'environnement. Et ne parlons pas des enjeux planétaires comme le réchauffement climatique ou la déforestation, qui chassent et vont chasser des millions de personnes de leur habitat actuel. Nous aurons beau ériger des clôtures de plus en plus hautes à nos portes, nous n'éviterons pas de faire les frais des conséquences de la dévastation de la nature à l'échelle du globe.

Que peut faire un parti politique face à ces problématiques ? Naturellement, agir avec force et persévérance lorsqu'il arrive au pouvoir. Mais avant ? Faut-il se contenter d'attendre l'arrivée du Grand Soir qui verra notre arrivée au sommet de l'Etat ? Sûrement pas.

Bien plus encore que dans tout autre domaine, les initiatives locales concernant l'environnement se développent par milliers. Il y en a un tel nombre qu'il est difficile de distinguer celles qui ne peuvent s'appliquer qu'au niveau local de celles qui pourraient servir de modèle à grande échelle. Le premier travail d'un mouvement politique devrait être d'identifier les expériences les plus prometteuses et de participer à leur popularisation. Par exemple, rien ne nous empêche de construire une plate-forme Internet réunissant ces initiatives par thèmes – eau, énergie, transport, habitat... – et permettant à tout un chacun d'y piocher les idées qui l'intéressent pour les appliquer près de chez lui.

Prenons l'exemple des villes en transition. Plutôt que d'en donner une définition approximative, voici comment ce mouvement se définit :[18]

Le mouvement de Transition est né en Grande-Bretagne en septembre 2006 dans la petite ville de Totnes. L'enseignant en permaculture Rob Hopkins avait créé le modèle de Transition avec ses étudiants dans la ville de Kinsale en Irlande un an auparavant. Il y a aujourd'hui des centaines d'Initiatives de Transition dans une vingtaine de pays réunies dans le réseau de Transition (Transition Network).

La Transition en question est le passage « de la dépendance au pétrole à la résilience locale ». Les populations locales sont invitées à créer un avenir meilleur et moins vulnérable devant les crises écologiques, énergétiques et économiques qui menacent en agissant dès maintenant pour :

- *réduire la consommation d'énergie fossile ;*
- *reconstruire une économie locale vigoureuse et soutenable et retrouver un bon degré de résilience par la relocalisation de ce qui peut l'être ;*

---

[18] Citation issue du site http://villesentransition.net/

- *acquérir les qualifications qui deviendront nécessaires.*

Chaque collectivité locale trouvera par elle-même les actions qui lui conviennent en fonction de ses ressources et de ses enjeux. Il n'y a pas de réponse toute faite. Le modèle de Transition offre un cadre de travail cohérent mais non coercitif.

Pourquoi agir localement ?

- *parce que l'économie devra inévitablement se relocaliser en grande partie ;*
- *parce que c'est le niveau auquel les citoyens peuvent inventer des solutions bien adaptées à leur réalité et passer à l'action ;*
- *parce que c'est souvent près de nous que se trouvent les gens, les ressources et les solidarités pour agir.*

Comme on le voit, il s'agit d'un mouvement original et ambitieux, qui prend corps en fonction des réalités locales et de l'inventivité des citoyens. A mon sens, il s'agit clairement d'un projet très « Nouvelle Donne ». Nous pourrions discuter plus longuement de ses éventuelles limites, mais contentons-nous de remarquer qu'il s'agit d'une initiative positive, volontariste et parfaitement en phase avec la société actuelle. En clair, sans le savoir, sans le vouloir ou peut-être sans l'admettre, il s'agit d'un mouvement hautement politique, au sens noble du terme. Pourquoi ne pas s'en inspirer ? Pourquoi ne pas le soutenir, même si nous ne prétendons pas qu'il puisse s'agir d'un modèle généralisable partout ? Nous devons prendre notre part de responsabilité et participer activement à l'émergence de ce type de projets.

Qu'est-ce qui empêche un Comité Local Nouvelle Donne de s'engager collectivement dans cette aventure ? D'organiser des cafés citoyens destinés à présenter ces idées à la population et de recueillir leur point de vue à ce sujet ? D'interpeller la municipalité et de lui faire des propositions concrètes ? Rien. Ce type de combat est à mes yeux dans la droite ligne de notre Charte Ethique.

Les Comités Locaux peuvent prendre ce genre d'initiatives : je suis persuadé que si nous attendons en permanence l'aval venu d'en haut, cela ne peut que briser l'enthousiasme et le dynamisme des militants. Je préfère cent fois qu'un Comité Local s'engage dans un projet qui échoue ou qui doive être ultérieurement recadré par le National, à un Comité Local qui se contente d'attendre les ordres venus de Paris. Il n'est d'ailleurs pas question de soupçonner la direction nationale d'une quelconque malveillance ou d'une suspicion maladive envers les initiatives locales. Mais pour qu'elle puisse approuver ou non un projet, il faut déjà qu'elle puisse trouver le temps nécessaire à en examiner tous les détails et toutes les répercussions possibles, à en débattre longuement dans de multiples instances. Nous n'avons plus le temps d'attendre. Il est temps de nous prendre en main et de faire preuve de bienveillance naturelle envers les différentes initiatives locales, malgré leurs erreurs, malgré leurs échecs. Même si cela doit donner l'impression d'un mouvement quelque peu chaotique, mieux vaut un espace militant bouillonnant et innovant qu'une armée de répétiteurs béats de la parole divine.

Agir dans l'économie sociale et solidaire

L'économie sociale et solidaire (ESS) est un concept aux contours relativement flous. Il comprend un certain nombre de structures associatives, de coopératives, de mutuelles ou encore de fondations. Il est parfois malaisé de déterminer la frontière entre ESS et société civile, et plus encore entre ESS et économie purement marchande.

Pour en donner un premier aperçu, disons que l'ESS reprend au milieu associatif son fonctionnement démocratique, sur le principe « un homme une voix », et au domaine marchand son objectif de produire et de vendre des biens matériels ou immatériels. Cette description est un résumé quelque peu simplificateur, mais il permet de se faire une première idée de ce que représente ce concept.

Ajoutons qu'au-delà de la spécificité de leur structure, les établissements de l'ESS se caractérisent également, dans la plupart des cas, par leur principe de non-lucrativité ou de lucrativité réduite, ainsi que par des objectifs affichés d'utilité sociale et collective. On peut y ajouter, dans certains cas, l'exigence d'une participation active de leurs membres ou de leurs bénéficiaires.

Ce secteur d'activité est donc bien éloigné des objectifs de rentabilité maximale inhérents à l'économie de marché. Il s'inscrit dans une logique à l'opposé de celle des néolibéraux. Cependant, certaines dérives ont pu être constatées, notamment du côté des banques coopératives ou des mutuelles, qui n'ont pas hésité à spéculer sur les marchés financiers, ou dont les dirigeants s'octroient des salaires mirobolants. Même dans ce secteur, la vigilance doit rester de mise.

Cependant, de par sa spécificité, l'ESS participe à la construction d'un monde plus juste et plus solidaire. Il est donc fort dommage que la sphère politique s'y intéresse aussi peu. Une fois au pouvoir, il va de soi que nous devrions encourager ce secteur économique par tous les moyens en notre possession. Mais avant ? Que pouvons-nous faire pour contribuer à son essor ?

Naturellement, nous ne disposons pas des moyens financiers suffisants pour pouvoir investir massivement dans tel ou tel projet. Cependant, même d'un point de vue financier, nous pouvons intervenir. Par exemple en choisissant avec soin l'établissement bancaire dans lequel nous plaçons la trésorerie du parti. Nous ne pouvons pas nous permettre de critiquer la non-séparation des banques de dépôts et les banques d'affaires tout en plaçant notre argent dans l'un de leurs établissements. A l'heure actuelle, si je ne m'abuse, la banque choisie est le Crédit

Coopératif, ce qui est un moindre mal. Pourtant, nous pourrions sans doute faire mieux.

Je pense ici à la NEF[19], première banque réellement « éthique ». En réalité, la NEF n'est pas une banque, mais un établissement de crédit spécialisé habilité à recevoir des fonds remboursables du public. Elle ne deviendra une véritable banque qu'à l'horizon 2016. Le fait de ne pas encore pouvoir détenir de chéquier à la NEF limite naturellement la possibilité d'y placer nos économies. Cependant, nous pourrions, même de manière symbolique, encourager cette initiative en y effectuant un placement de quelques milliers d'euros.

Plusieurs formules y sont déjà disponibles ou sur le point de l'être : livret, compte à terme, plan d'épargne. On peut également choisir le domaine dans lequel seront investis les fonds : environnement, social ou culturel. L'idéal serait naturellement de pouvoir « parrainer » un projet spécifique qui nous tient particulièrement à cœur. Nous pourrions ainsi suivre l'évolution de l'entreprise financée par ces fonds au fil du temps, et montrer à la face du monde que loin d'être des

---

[19] http://www.lanef.com/

utopistes, nous agissons aujourd'hui et ici, dès maintenant, pour construire le monde de demain.

Nous pouvons également populariser la NEF auprès de nos adhérents et sympathisants pour les inciter à y placer une partie de leur épargne. Par exemple en effectuant une communication interne, ou en insérant un espace dédié au principe de banque éthique sur notre propre site web. Nous pouvons même les convier à des réunions communes pour qu'ils puissent y présenter leur action. Pourquoi pas, après tout ? Nouvelle Donne compte plus de 10 000 adhérents. Si seulement 10% d'entre eux plaçaient une petite partie de leurs économies à la NEF, l'impact serait déjà loin d'être négligeable !

Au-delà de l'exemple de la NEF, il existe de multiples exemples d'entreprises de l'ESS, de plus petite taille, que nous pourrions soutenir. Récemment, un Comité Local Nouvelle Donne a pris l'initiative de défendre un projet de SCOP (Société Coopérative et Participative)[20]. Ici encore, l'expérience du terrain est indispensable pour repérer les projets dignes d'intérêt et que nous pourrions soutenir, même modestement. Notre

---

[20] Projet de SCOP de la papeterie de Dorcelles

rôle consiste donc à encourager les militants et sympathisants de Nouvelle Donne à nous faire part des initiatives dont ils ont entendu parler, et qui pourraient mériter que l'on s'intéresse à leur cas.

Mais encore une fois, il ne faut pas hésiter à consacrer une large part de notre temps et de notre énergie à soutenir des projets, même individuels. Certaines personnes n'auraient besoin que de quelques centaines d'euros pour pouvoir créer leur propre emploi en auto-entreprise. Sachons leur faire confiance en leur accordant un micro-crédit. Il est toujours surprenant de constater à quel point les personnes les plus démunies sont également les plus promptes à rembourser leurs dettes.

L'ESS n'est pas qu'un secteur économique : c'est également une alternative politique à la société néolibérale. En ce sens, c'est un sujet dont nous devons nous emparer.

Agir auprès des consommateurs

L'économie mondialisée, aussi puissante soit-elle, repose malgré tout sur un seul élément, d'apparence anodine : le consommateur. Le moteur du système, c'est la consommation de masse. Pour assurer sa survie, le capitalisme se doit de nous faire acheter toujours plus. Or, si nous consommons toujours les mêmes choses et en mêmes quantités, la hausse de la productivité entraîne mécaniquement la baisse du nombre d'heures de travail nécessaires à leur production. Autrement dit, l'absence de croissance se traduit par une hausse du chômage. C'est ce qui se produit actuellement dans la majeure partie des pays développés.

Plutôt que d'envisager une meilleure répartition des richesses à production constante via la réduction du temps de travail, nous préférons maintenir celui-ci à son niveau actuel en espérant que l'augmentation de la production – et donc de la consommation – permettra de résorber le chômage. Pour prendre une image simple, nous préférons augmenter la taille du gâteau plutôt que d'en répartir plus équitablement les parts.

Outre le fait que cette croissance infinie est hautement destructrice pour la planète, elle est mathématiquement impossible : il ne peut y avoir de croissance infinie dans un monde fini. Les ressources du globe étant par définition limitées, il y a forcément un moment où elles finissent par disparaître, ou par atteindre un prix prohibitif du fait de leur rareté. A ce sujet, on pourra lire ou relire le fameux rapport Meadows, publié en 1972 et réactualisé en 2002[21], dont la rigueur scientifique couplée à un langage facile d'accès ne peut que forcer le respect. La question n'est pas de savoir si la croissance s'arrêtera, mais quand ?

A titre indicatif, rappelons qu'une croissance de 3% par an implique un doublement de la production tous les… 25 ans ![22] A l'échelle de la planète, ce taux est supérieur – en moyenne – à 3 % depuis des décennies. Cela signifie que pour maintenir le rythme actuel, nous sommes dans l'obligation de produire le double de tout ce qui est produit aujourd'hui dès 2029. Et le quadruple en 2054. La planète peut-elle nous fournir deux fois plus de matières premières qu'aujourd'hui ?

---

[21] MEADOWS (rapport) : Donella Meadows, Dennis Meadows, Jorgen Randers, « The limits to growth, the 30-year update », Editions de l'échiquier 2012

[22] Plus exactement, tous les 24 ans.

Quatre fois plus ? On peut légitimement en douter. On peut encore le présenter autrement : avec un taux de croissance du PIB mondial de 3 %, nous produirons d'ici 2037 plus que tout ce que nous avons produit depuis l'an 1700 ![23]

Par conséquent, la fin programmée de la croissance est pour bientôt, et il serait temps de s'y préparer. Il nous faut donc d'urgence imaginer comment bien vivre dans un monde sans croissance, au sens économique du terme. C'est l'un des éléments essentiels de la réflexion au sein de Nouvelle Donne. C'est aussi ce qui en fait un parti à part, bien loin des idées productivistes que l'on retrouve à gauche comme à droite.

Pour en revenir au sujet de ce chapitre, si nous souhaitons infléchir le système économique dans le sens nous paraissant le plus juste, nous pouvons tenter d'agir auprès de l'utilisateur final, c'est-à-dire le consommateur. Bien entendu, influencer l'acte d'achat ne peut être qu'un des éléments du combat, nécessitant d'être complété par l'engagement sur d'autres terrains, comme ceux évoqués plus haut.

---

[23] Pour plus de détails, se reporter au blog http://la-fin-des-etats-nations.blogspot.fr/ , article du 1er juin 2014

En outre, chaque consommateur a sa propre logique. Il peut être sensible aux arguments du commerce équitable, des produits respectueux de l'environnement, du patriotisme économique ou tout simplement de l'indicateur prix (argument probablement le plus important). Il est également soumis à un bombardement incessant de publicités dont l'unique objectif est d'influencer son comportement. Il serait donc présomptueux de penser pouvoir influer profondément sur le secteur de la consommation pour pouvoir changer le monde.

Cependant, de nombreuses initiatives dans ce domaine ont permis d'obtenir un certain nombre de résultats concrets. On peut notamment penser au boycott des produits contenant des CFC (s'attaquant à la couche d'ozone), qui a participé à la prise de conscience nécessaire à leur interdiction définitive. D'autres actions de boycott, pour des raisons politiques (contre des Etats), écologiques (contre des produits nocifs pour l'environnement) ou sociales (contre des multinationales) ont également porté leurs fruits.

Agir auprès des consommateurs ne peut donc être considéré comme une réponse à tous les maux de la Terre, mais reste un mode de combat efficace sur certains points précis. Quels sont ceux sur lesquels nous pourrions intervenir ? En tout premier lieu, il convient de se remémorer nos objectifs, puis d'identifier ceux pouvant être atteints *via* une influence sur le consommateur.

Prenons l'exemple de la réduction des inégalités. Nous pouvons trouver particulièrement choquant que certains puissent toucher des salaires délirants alors que des millions de personnes peinent à joindre les deux bouts. Ou bien que certains hauts dirigeants, malgré des résultats catastrophiques pour leur entreprise, touchent des revenus stratosphériques. D'une manière générale, nous pensons que les écarts de revenus doivent rester dans des proportions raisonnables. Une fois au pouvoir, nous pourrions imaginer instaurer un revenu maximal d'intérêt général.

Mais dans l'attente, pourquoi ne pas créer notre propre agence de notation, chargée d'évaluer ces écarts de salaires et de les rendre publics ? Cela avait été évoqué lors de l'un de nos ateliers pendant les journées d'été. Les entreprises les plus vertueuses en la matière seraient gratifiées des meilleures notes, et les plus inégalitaires se verraient reléguées aux tréfonds du classement.

On peut même imaginer un système de couleurs, du rouge au vert, permettant en un clin d'œil au consommateur de choisir avant d'acheter.

Bien plus efficaces et bien moins opaques que les labels, les codes couleur permettent non seulement au consommateur d'obtenir une vision plus nuancée de la situation – tout n'est pas noir ou blanc –, mais également aux entreprises de réagir pour améliorer constamment leur image en changeant de couleur, chose impossible avec les labels qui ne permettent qu'une approche binaire.

Dans le cas évoqué ci-dessus, à savoir l'inégalité salariale au sein d'une entreprise, il y a certes peu de chances que les cadres dirigeants se mettent à réduire leur salaires, leurs primes ou leurs stock-options pour simplement passer du rouge au vert sur une étiquette… Mais le consommateur, lui, pourrait y être sensible, par exemple lorsqu'il choisit sa banque ou son assurance.

L'utilisation de notes ou de codes couleurs peut avoir une réelle influence auprès des entreprises dans bien d'autres domaines. On peut citer l'exemple des indicateurs de couleur actuellement utilisés dans l'électroménager concernant leur consommation d'énergie, dans la construction au

110

niveau de l'isolation thermique des bâtiments, ou encore de la production automobile pour les émissions de CO2. Tous ces éléments ont un impact direct sur la qualité environnementale de la production. Couplés avec des incitations fiscales ou des systèmes de bonus-malus, ils peuvent se révéler d'une efficacité redoutable.

Nous sommes libres d'imaginer toutes sortes d'indicateurs correspondant à notre vision d'un monde plus juste. Par exemple, des codes couleurs de circuits courts, permettant dans une gamme de produits donnée de faire la distinction entre un article provenant de 10, 100 ou 10 000 kilomètres. Je préfère largement cette indication à celle du « Made in France », qui comporte à mon sens un petit arrière-goût de chauvinisme, voire de nationalisme. De plus, « Made in France » ne signifie pas « circuit court ». D'un point de vue écologique, si vous habitez en Alsace, il est nettement préférable que vous achetiez des légumes en provenance de Bavière plutôt que du Pays Basque… Un indicateur couleur doit donc présenter en vert le produit bavarois dans les étals alsaciens, et en rouge celui du pays basque.

La principale difficulté dans la mise en place d'indicateurs de distance sur les produits réside dans le fait que celle-ci dépend non seulement de l'emplacement du producteur, mais également de celui du détaillant. Il reviendrait donc à ce dernier d'étiqueter lui-même les produits, ce qui ne pourrait se faire qu'à condition d'accepter de se soumettre à des contrôles indépendants. De plus, la notion de distance n'a de sens que dans le cas des produits non transformés et facilement traçables, comme dans la production agricole. Pour des produits hautement complexes comme les automobiles ou les smartphones, qui nécessitent des milliers de composants issus des quatre coins de la planète et provenant de dizaines de sous-traitants, l'exercice devient nettement plus délicat.

L'objet de ce chapitre n'est pas de fournir une liste d'indicateurs à mettre en place. Il serait fort présomptueux de ma part de pouvoir prétendre en mesurer la pertinence, la faisabilité et l'efficacité sans une étude plus approfondie. Mais il est important de prendre conscience que ces indicateurs peuvent être des outils utiles pour modifier les comportements de consommation, et que l'action politique peut également passer par la mise en place de telles initiatives, en parfaite complémentarité avec la société civile.

Epilogue

Comme indiqué dans l'avertissement au lecteur, cet ouvrage n'est pas forcément représentatif des idées ou des propositions de Nouvelle Donne. Il s'agit seulement d'opinions personnelles d'un militant parmi d'autres. Je ne peux qu'espérer que les idées présentées ici y soient débattues un jour, mais je tiens à préciser que ces opinions n'engagent que moi-même.

A quoi sert-il d'évoquer dans cet ouvrage des propositions aussi ambitieuses, voire utopiques ? Tout d'abord, rappelons le rôle principal des utopies: la confluence des forces nécessaires au changement. Comme le dit Ulrich Beck, *renoncer à l'utopie, c'est renoncer au pouvoir. Seule la faculté d'enthousiasmer suscite l'approbation et le pouvoir*[24]. En ce XXIème siècle, les utopies semblent avoir majoritairement disparu, rangées dans les oubliettes de l'Histoire. Le notion d'utopie a même une connotation quelque peu péjorative et sert d'argument aux partis conservateurs pour fustiger une gauche soi-disant sous l'emprise persistante d'idéaux dépassés. Pourtant, à mon sens, d'un

---

[24] Ulrich BECK, « Pouvoir et contre-pouvoir à l'heure de la mondialisation », Flammarion, 2003, p 391

115

point de vue psychologique, l'absence d'utopie est l'un des marqueurs les plus frappants de la crise de ces dernières décennies. L'apathie générale issue de l'absence de perspectives à long terme et d'objectifs clairs se transforme en une sorte de dépression générale, alimentant le sentiment de déclassement des citoyens. Si au moins nous savions ce que nous voulons, si nous arrivions à définir la société idéale de demain, nous pourrions retrouver un semblant d'espérance et nous remettre à agir.

Ne nous laissons pas décourager par les moqueries de ceux qui n'ont rien d'autre à proposer que de maintenir le système actuel en place. Tout le monde s'en plaint, mais personne – ou presque – n'en propose de radicalement différent. Je sais bien qu'évoquer un avenir lointain à l'opposé du monde actuel peut nous décrédibiliser rapidement. C'est la raison pour laquelle j'insiste un peu lourdement sur le caractère très personnel de ce livre. Nouvelle Donne propose des changements radicaux, mais reste dans la réalité d'aujourd'hui, sans se hasarder à des pronostics lointains. Sans doute la peur de se décrédibiliser joue-t-elle en faveur d'une certaine retenue dans les options proposées. Peut-être avons-nous également intégré, plus ou moins inconsciemment, l'idée d'un monde figé, et sommes-nous restés intellectuellement bloqués sur la réforme du système actuel, sans oser pousser jusqu'au bout notre raisonnement.

Cet ouvrage a donc pour objectif de libérer notre façon d'appréhender le monde de demain, en brisant l'idée absurde d'une fin de l'Histoire. Le monde n'est pas figé dans le temps, et des révolutions de grande ampleur se dérouleront sans l'ombre d'un doute d'ici la fin du siècle. Peut-être même auront-elles une amplitude inconnue à ce jour. Les bouleversements climatiques et l'anéantissement de la biodiversité auront de multiples impacts sur la situation sociale à l'échelle planétaire, qui ne manqueront pas de se solder par des catastrophes de grande ampleur. Celles-ci, comme tous les grands cataclysmes, seront synonymes de dévastations, mais également de renouveau de la pensée. Des ruines fumantes émerge toujours la vie, prompte à trouver de nouveaux chemins pour s'épanouir dans une ère nouvelle.

Que pouvons-nous retenir de cet ouvrage ? Que le pouvoir n'est plus concentré entre les mains des dirigeants politiques des Etats-Nations. Des acteurs multiples se sont immiscés dans le jeu, et la loi du marché s'impose à tous, par-delà les frontières. La globalisation de l'économie et de la finance s'est faite sans que la gouvernance politique ne suive le même chemin. Les outils démocratiques actuels se retrouvent dépassés par les grands enjeux économiques. Cela a le mérite de clarifier notre cap : globaliser la politique afin de permettre aux citoyens de reprendre la main sur l'économie mondialisée. Ouvrir la perspective des choix, c'est pouvoir décider à nouveau du modèle économique et social auquel nous aspirons. La démocratie souffre de l'absence de perspectives. Admettre que nous sommes impuissants face à la mondialisation, c'est reconnaître que nous ne vivons plus que dans une démocratie de façade, limitée à l'élection de responsables sans pouvoir.

Si nous souhaitons que nos élus soient à nouveau en mesure de gouverner, et donc d'appliquer la volonté du peuple, il faudra leur donner une capacité d'action à plus grande échelle. En clair, une légitimité supranationale. C'est déjà en partie le cas avec le Parlement Européen. Mais comme nous l'avons vu, l'absence de partis transeuropéens conduit à élire des députés sur un programme national, privilégiant l'intérêt particulier de chaque pays à celui de l'Europe dans son ensemble. Chaque citoyen est appelé à se prononcer sur des programmes visant à défendre son pays face à l'Europe, et non l'Europe tout entière. Inutile d'attendre une quelconque cohésion dans cette lutte du tous contre tous. La France défend sa production agricole, le Royaume-Uni ou les Pays-Bas leur régime fiscal, l'Allemagne son industrie. Le dumping fiscal et social est la règle dans la course aux investissements.

Nouvelle Donne propose l'adoption d'un véritable système parlementaire européen. J'y rajouterais la nécessité d'imposer l'obligation pour les partis se présentant aux élections européennes d'obtenir un pourcentage minimal de suffrages dans un nombre significatif de pays, à partir d'un programme commun et unique dans toute l'Europe. Cela imposerait à toutes les formations politiques de réfléchir à la pertinence de leurs propositions à l'échelle européenne, et de cesser de flatter les ego nationaux.

Cela permettrait surtout de favoriser l'émergence d'un véritable sentiment d'appartenance européenne et de communauté de destin. De plus, les vainqueurs des élections seraient nettement mieux armés pour appliquer leur programme, celui-ci ayant été déterminé dès le départ dans une optique européenne et ne nécessitant pas la négociation ultérieure de douloureux compromis entre chefs d'Etat. Nos élus se remettraient à gouverner, et cela nous changerait un peu. La volonté politique prendrait à nouveau le pas sur la technocratie.

Sans attendre cette hypothétique réforme des institutions européennes, rien ne nous empêche de prendre de l'avance ! Nous pouvons dès maintenant construire Nouvelle Donne Europe. Il suffit que nous le voulions. Ne nous laissons pas enfermer dans le calendrier électoral français ou dans nos problématiques internes. Si nous manquons de temps et d'énergie pour tenter d'étendre Nouvelle Donne sur l'ensemble du territoire européen, cela ne doit pas nous empêcher de soutenir et d'encourager la formation d'autres partis Nouvelle Donne à l'étranger. L'enthousiasme et l'énergie sont déjà présents chez de nombreux militants résidant chez nos voisins. Il ne leur manque plus qu'un signe. Un geste de notre part. Construire un parti transeuropéen est une tâche tellement exaltante qu'elle décuplera nos forces. Alors lançons-nous dès maintenant dans ce combat !

Par ailleurs, nous l'avons vu, le pouvoir n'est plus que partiellement situé « en haut ». La société civile, le milieu associatif, les mouvements citoyens sont devenus les principaux acteurs de l'innovation politique, chacun dans son domaine de prédilection. Ils constituent un véritable gisement d'idées et de pratiques qui nous permettent d'envisager l'avenir sous un autre angle. Le dévouement de ces millions de bénévoles transforme la société en profondeur, sans pour autant trouver de relais politique. L'émiettement de ces milliers d'acteurs les prive de la cohérence nécessaire à la concrétisation de leurs propositions à grande échelle.

Il est donc temps de réfléchir à la meilleure manière de concilier l'indépendance de la société civile avec la nécessité de transformer leurs initiatives en propositions politiques. Nous devons être capables de construire les passerelles nécessaires entre le monde associatif et celui de la politique. Chacun conserverait sa spécificité et ses objectifs propres, mais on cesserait enfin de se regarder en chiens de faïence.

Cela pourrait passer dans un premier temps par des prises de contacts régulières, afin de mieux se connaître et se comprendre. Nous pourrions ainsi nous assurer de la cohérence entre notre vision politique et les actions ou propositions des organisations citoyennes concernées. Du côté associatif, cela leur permettrait de vérifier la sincérité de notre démarche et d'évaluer leur intérêt à travailler de concert avec nous.

Que ce soit grâce à un relais auprès des décideurs politiques, une popularisation de leurs idées via nos différents réseaux, l'organisation de réunions communes ou encore une aide concrète à la réalisation de leurs projets, le monde associatif a tout intérêt à se rapprocher des mouvements politiques défendant un point de vue proche du leur. Une fois passée la méfiance naturelle envers le monde politique, une ère de collaboration constructive et d'échanges mutuels entre ces deux mondes pourra émerger.

Redisons-le encore une fois : se présenter aux élections ne suffit pas pour changer le monde. Sans travail au quotidien auprès des citoyens en dehors des périodes électorales, sans implication directe et concrète dans des projets locaux, non seulement nous ne gagnerons pas les élections, mais nous ne changerons pas la société. Et sans développement de notre parti à l'échelle internationale, une victoire aux élections risque fort de se révéler insuffisante pour relever les grands défis de ce siècle.

Il ne nous reste qu'une seule alternative : proposer et agir.

Annexes

Les 20 propositions de Nouvelle Donne aux élections européennes de 2014

Dire la vérité, changer notre façon de penser et d'agir

Jamais notre pays n'avait connu une crise sociale d'une telle gravité : plus de 5 millions d'inscrits à Pôle Emploi, des millions de précaires et 9 millions d'hommes et de femmes qui vivent en dessous du seuil de pauvreté.

Les partis qui se succèdent au pouvoir, au lieu de construire un nouveau modèle de développement, misent encore et toujours sur le retour de la croissance. Mais qui peut encore croire que la croissance va revenir comme au temps des 30 glorieuses et qu'elle seule suffira à créer des millions d'emplois ? De plus, une croissance très forte détruirait encore plus rapidement les ressources non renouvelables de la planète.

Après une croissance de 0% en 2012, les dirigeants français en sont réduits à "espérer une croissance de 0,1 ou 0,2 % en 2013" ! L'Allemagne vient de diviser par 2 ses prévisions.

Aux États-Unis, le Président de la banque centrale avoue qu'il ne sait plus quoi faire: même en ayant créé 900 Milliards de dollars ex-nihilo pour financer le déficit public, il admet que les USA ne connaissent qu'une reprise en trompe l'œil : tous les mois, des centaines de milliers d'hommes et de femmes disparaissent des statistiques du chômage et tombent dans la pauvreté. Jamais le taux d'activité n'avait connu une telle dégringolade : il est tombé à 63,1 %.

Ceux qui annoncent la fin de la crise pour bientôt font des discours de "croyance" et "d'aveuglement" dû à leur "foi" dans un système qui les a formés. Aucune réalité tangible ne vient étayer cette croyance en une sortie de crise en utilisant les mêmes méthodes.

Le déni de réalité aggrave le sentiment d'impuissance et, de fait, la crise qui s'en nourrit. Jaurès disait que le rôle du politique est de "chercher la vérité et la dire". Cela permet au plus grand nombre d'être pleinement acteurs du changement. Il faut donc une Nouvelle Donne intellectuelle. Une nouvelle façon de penser le progrès social dans un contexte de croissance très faible.

D'où vient la crise ?

Dire la vérité, c'est affirmer clairement que la crise vient d'un partage de plus en plus inégal des richesses. Et que ça n'est pas une fatalité. Le chômage et la précarité atteignent des niveaux tels qu'ils déstabilisent l'ensemble de la société : la peur du chômage est dans toutes les têtes et le "Si tu n'es pas content, va voir ailleurs" remplace toute négociation sur les conditions de travail ou les salaires. De ce fait, dans tous nos pays, la part qui va aux salaires dans la richesse nationale a très fortement baissé. Un nombre croissant de femmes et d'hommes n'a plus de quoi vivre dignement avec son salaire.

En trente ans, des sommes colossales qui auraient dû aller aux salariés - donc aussi aux caisses de Sécurité sociale par les contributions et à l'État par l'impôt - sont parties vers les marchés financiers et ne reviennent jamais, sous aucune forme vers les salariés. Pour maintenir, malgré cela, un haut niveau de consommation, on a poussé les salariés à s'endetter et on constate maintenant que ce système ne peut plus durer. Et ce n'est pas en diminuant encore les salaires (pour être un peu plus compétitif que le voisin) qu'on va sortir de cette situation...

« *Aucune sortie de crise n'est à attendre tant que le chômage restera à un niveau aussi élevé et que la part des salaires restera aussi faible* », affirme l'ONU.

Nouvelle Donne de réflexion donc : la justice sociale n'est pas un luxe auquel il faut renoncer à cause de la crise. Au contraire : reconstruire la justice sociale tout en répondant à la crise environnementale est LE seul moyen d'en sortir. La justice sociale n'est pas une récompense de la réussite économique, elle en est la condition.

Une nouvelle donne environnementale

Toutes les études montrent que le dérèglement climatique s'aggrave. Agir vite pour diminuer très fortement nos émissions de gaz à effet de serre est vital: « *sécheresses, inondations, cyclones... le nombre de phénomènes climatiques extrêmes a déjà triplé en 30 ans* » affirme une étude de Munich Ré, le numéro 1 mondial de la réassurance.

Ce n'est pas en améliorant la bougie qu'on a inventé l'ampoule électrique. Ce n'est pas en mettant quelques rustines à un système qui s'effondre qu'on va construire une nouvelle société… Pour sortir de la crise, il faut provoquer une vraie métamorphose.

Une nouvelle donne économique

Si la cause fondamentale de la crise vient de la forte baisse de la part des salaires dans le PIB, il n'est ni juste ni efficace d'augmenter les impôts de l'ensemble des citoyens qui gagnent trop peu. Il y a d'autres moyens d'aller vers l'équilibre des finances publiques:

• Créer un impôt européen sur les bénéfices des entreprises. En Europe, le taux moyen d'impôt sur les bénéfices est passé de 37 à 25 % en 15 ans contre 40% aux États-Unis. Nous voulons créer un impôt européen sur les bénéfices non réinvestis. Financer le budget européen de cette manière permettra à la France de garder les 21 milliards qu'elle "donne" chaque année au budget européen.

21 milliards de marge de manœuvre chaque année ! Cet impôt diminuerait aussi les tentations

de tourisme fiscal en rééquilibrant les disparités entre états de la zone Euro.

• Redonner de l'oxygène aux États en finançant la vieille dette publique à 1%. Pour sauver les banques, la BCE a mis 1.000 milliards sur la table au taux de 1 %. Aux USA, la banque centrale a mis la même somme au taux de 0,01 %. Pourquoi les États devraient-ils payer des taux plus élevés pour refinancer leurs dettes anciennes ?

• Boycotter les paradis fiscaux. Le manque à gagner dû à "l'optimisation fiscale" - qui est le mot doux pour dire "évasion fiscale" - représente pour la France, 40 à 50 milliards chaque année. Nouvelle Donne modifiera le code des marchés publics pour qu'aucune banque, aucune entreprise industrielle ne puisse concourir à un marché public si elle utilise les paradis fiscaux pour échapper à l'impôt.

• Une vraie révolution fiscale pour rendre l'impôt plus simple et plus progressif. Cette réforme que défend Thomas Piketty et qui est à nouveau mise en débat par le gouvernement est totalement nécessaire mais elle n'est acceptable par tous que si on retrouve des marges de manœuvre et une certaine sérénité. Ce qui suppose d'agir d'abord sur les leviers précédents.

Une nouvelle donne pour l'emploi

• Stopper l'hémorragie des licenciements secs comme unique réponse aux difficultés d'une entreprise : quand une entreprise est en difficulté, garder l'ensemble des salariés en baissant le temps de travail et en maintenant 95 % du salaire comme cela se fait en Allemagne et au Canada.

• Sécuriser les chômeurs et précaires en maintenant 90 % du revenu des salariés tombés au chômage, mais aussi des artisans et des patrons de PME, pendant 4 ans à la condition qu'ils soient à la recherche d'emploi ou en formation pour acquérir de nouvelles compétences, comme cela se fait au Danemark, ce qui suppose un fonctionnement différent de Pôle emploi. Créer un vrai bouclier vital pour éviter que les chômeurs de longue durée tombent en dessous du seuil de pauvreté.

• Investir dans une vraie politique du logement en utilisant les 34 milliards du Fonds de réserve des Retraites comme cela se fait au Pays-Bas (au lieu de les laisser sur les marchés financiers). Combler le déficit de logement estimé aujourd'hui à

800.000, prendra plusieurs années. Raison de plus pour s'y mettre sans plus tarder !

Si l'on construisait suffisamment de logements, on pourrait progressivement arriver au même niveau de loyer qu'au Pays-Bas ou en Allemagne. Chaque ménage vivant dans 70 m2 économiserait 280 euros de loyer par mois ! Autant de pouvoir d'achat en plus. Au lieu de licencier 40.000 salariés comme tout le monde s'y attend dans l'année qui vient, le secteur du bâtiment pourrait créer 150 ou 200.000 emplois dans les deux ans.

• Lutter contre les délocalisations en refusant le dumping social intra-européen. En 2007, Angela Merkel affirmait devant tous les chefs d'État réunis à Berlin qu'il fallait un Protocole social. Nicolas Sarkozy refusa. Nous avons assez perdu de temps. Pour stopper les délocalisations de nos régions vers les pays ou les régions à faibles salaires, il est urgent de négocier un traité de convergence sociale.

• Lancer un grand Plan européen Énergie Climat Pouvoir d'achat. On pourrait économiser en moyenne 1.000 euros par an et par ménage si l'on investissait massivement dans les économies d'énergie, en particulier dans l'isolation de nos domiciles. C'est une étude de la Commission européenne qui l'affirme (rapport du 2 mars 2011). Nous demandons que soit négocié un Pacte Européen qui permettrait de financer ces investissements. Pour sauver les banques, la BCE a mis 1.000 milliards sur la table. Pourquoi ne pas en faire autant pour sauver le climat et faire baisser nos factures de chauffage ? Une étude du CNRS indique qu'une telle politique pourrait créer 200.000 emplois en France.

• Négocier un nouveau partage du temps de travail. Aux États-Unis, Robert Reich, Ministre du Travail de Bill Clinton, relance le débat sur le temps de travail : il montre que les délocalisations n'expliquent qu'une très faible part des destructions d'emplois (10%).

L'essentiel du chômage vient des gains de productivité colossaux que nous avons réalisés depuis 40 ans grâce aux ordinateurs, aux robots et à la démocratisation de l'enseignement supérieur. « *L'administration Obama doit faire une réforme fiscale pour baisser le temps de travail sans baisser les salaires* » écrit Robert Reich.

Il faut réinventer notre rapport au travail et à la formation tout au long de la vie: nous sommes de plus en plus nombreux sur la planète mais nous avons de moins en moins besoin de gens pour faire fonctionner la machine. Comment s'organiser pour que tout le monde ait une activité et un revenu décent ? En réalité, il ne s'agit pas de « travailler moins » mais d'être plus nombreux à travailler, plus nombreux à avoir un revenu décent, plus nombreux à cotiser... Plus nombreux aussi à bénéficier d'un nouvel équilibre entre travail et vie privée.

Une nouvelle donne pour réguler la finance

Depuis 2008, les activités spéculatives des banques et des fonds de pensions n'ont pas du tout diminué. Une nouvelle crise financière peut éclater à tout moment.

Pour limiter les conséquences d'un tsunami financier sur l'économie réelle, il faut voter une vraie séparation des banques de dépôt et des banques d'affaires car ça n'est toujours pas fait même si une loi minuscule a été votée. Ce système de séparation des activités bancaires fut la règle générale dans tous nos pays pendant 40 ans ! Il faut y revenir. Cela éviterait que les banques d'affaires continuent de spéculer avec la garantie de l'Etat.

Sans cette garantie, elles seraient beaucoup plus prudentes dans leurs activités. En cas de pertes, elles devraient se tourner vers leurs actionnaires au lieu de se tourner vers l'Etat. En cas de crise majeure, leur faillite n'aurait qu'un impact limité sur l'économie réelle alors que l'impact sera catastrophique si banques de dépôt et banques d'affaires restent liées.

Comme Joseph Stiglitz, nous demandons qu'une Autorisation de Mise sur le Marché (semblable aux AMM des médicaments) soit nécessaire pour qu'un nouveau produit financier puisse être commercialisé par une banque.

Nous proposons que soit limitée la taille des banques afin qu'il n'y ait plus en France aucune banque faisant courir un risque systémique à notre pays. Il faut également interdire les retraites-parachutes comme le peuple suisse l'a décidé par référendum.

Nous souhaitons aussi qu'une partie du secteur bancaire soit socialisée, c'est à dire que son conseil d'administration ne soit pas composé uniquement de représentants des actionnaires (ni uniquement de l'État, comme en cas de nationalisation) mais qu'il soit ouvert aux représentants de l'intérêt général du pays : représentants des PME, des salariés, des associations, des élus…

Pour combattre la spéculation financière, il faut mettre en place une taxation dégressive sur les bénéfices financiers : une taxe à 90 ou 100 % pour les profits réalisés en moins d'un jour mais qui baisserait progressivement jusqu'à 1 % pour les bénéfices réalisés avec des investissements conservés plus de 12 ans. Notre pays attirera ainsi les investisseurs de long terme et inciterait les spéculateurs à partir déstabiliser d'autres pays.

Une nouvelle donne démocratique

Les citoyens ont de plus en plus le sentiment que le pouvoir est confisqué par une petite oligarchie : il est urgent que nous, citoyens, nous reprenions la main. Pour cela, il faut créer une force politique nouvelle et changer le fonctionnement de nos institutions.

Le seul pays d'Europe dont les institutions ressemblent aux nôtres est la Roumanie : après la chute de Ceausescu, le Conseil de l'Europe a conseillé aux élites roumaines de s'inspirer des institutions françaises pour rédiger leur nouvelle

Constitution au prétexte qu'après 20 ans de dictature, certains pensaient qu'un passage direct à la démocratie était trop risqué…

Il est temps d'en finir avec cette monarchie constitutionnelle qui ne dit pas son nom. Ce Parlement aux ordres, ce premier ministre doublon. Décider enfin d'un non-cumul très strict des mandats y compris dans la durée, d'une responsabilité accrue de l'Assemblée, de construire un vrai statut de l'élu pour que les mots « carrière » et « politique » ne soient plus accolés et faciliter le retour à la « vie normale » à la fin du 2e ou du 3e mandat.

Instaurer la Loi d'Initiative Citoyenne (L.I.C.) : tout texte ayant recueilli 300.000 signatures et conforme à la Déclaration européenne des Droits de l'Homme, doit être débattu par le Parlement au même titre qu'un projet de loi venant du gouvernement. Instaurer les Référendums citoyens dans les mêmes conditions que les L.I.C.

Une nouvelle donne pour l'Europe

L'Europe est à deux doigts du KO : les citoyens ont l'impression que, non seulement, l'Europe ne les aide pas à sortir de la crise mais que les règles imposées « par Bruxelles » aggravent la situation. Ils ont le sentiment que ce « machin » fonctionne sans eux et parfois contre eux. L'Europe sociale est toujours remise à plus tard.

Une Europe vraiment démocratique

« *L'élargissement rend indispensable une réforme fondamentale des institutions*, affirmait Joschka Fischer, le ministre allemand des Affaires étrangères, le 12 mai 2000. *Avec les institutions actuelles, comment parvenir à agir ? Comment éviter que les compromis soient de plus en plus étranges et que l'intérêt des citoyens pour l'Union ne finisse par tomber bien en dessous de zéro ? Il existe une réponse toute simple : le passage à un système entièrement parlementaire* ».

Dans un système intergouvernemental, sur une question importante, mettre un chef d'état ou le ministre qui le représente en minorité est quasi impossible car c'est prendre le risque d'humilier tout son pays. De ce fait, il faut que les vingt-huit soient d'accord, à l'unanimité, pour que l'on change le contenu d'une politique. La paralysie est assurée. Ce sont les technocrates ou les marchés qui font la loi.

Si l'on adoptait un système parlementaire, comme le proposaient les Allemands en 2000, des députés européens de tel ou tel pays pourraient être mis en minorité sans drame national puisque d'autres députés européens du même pays seraient, eux, dans la majorité... C'est bien un débat politique qui est tranché dans un Parlement et non un combat entre nations.

Tous les 5 ans, le vote des citoyens aurait une influence directe et immédiate sur les politiques européennes –comme le vote des citoyens lors des élections législatives ou présidentielles dans chacun de nos pays.

Continuer avec des institutions conçues il y a 60 ans pour 6 pays ne fera pas naître une Europe démocratique. Il faut passer à un fonctionnement parlementaire. L'Europe n'interviendrait que sur les questions pour lesquelles un pays isolé n'a plus vraiment de souveraineté, celles sur lesquelles nous devons nous unir pour être efficaces : défense, diplomatie, monnaie, recherche, sécurité intérieure, environnement, régulation de la mondialisation financière, fiscalité.

Construire une Europe politique ne va pas nous obliger à des « abandons de souveraineté ». Si l'Europe a un fonctionnement vraiment démocratique, c'est au contraire le meilleur moyen de retrouver une souveraineté réelle dans des domaines où elle nous échappe aujourd'hui.

Négocier un Traité de l'Europe sociale

« *Votez Oui à Maastricht et on se remettra au travail tout de suite sur l'Europe sociale* » affirmait Jacques Delors avant le référendum sur Maastricht en 1992. Il reconnaissait que le traité était très insuffisant en matière sociale mais demandait aux citoyens de ne pas casser la dynamique européenne. Le Oui est passé de justesse. Vingt ans plus tard, alors que la crise sociale s'aggrave dans tous nos pays, les traités européens sont de nouveau en discussion. En matière sociale, les peuples ne peuvent plus se contenter de promesses. Il faut passer aux actes.

En 2003, un projet de Traité social avait reçu le soutien d'un grand nombre de personnalités : aussi bien Stéphane Hessel ou Jacques Delors que José Bové, Bronislaw Geremek (ancien ministre polonais), Enrique Barón Crespo (président du groupe socialiste au Parlement européen), Jean Daniel, Susan George, Bruno Trentin (président du plus grand syndicat italien), quelque 250 parlementaires et des milliers de citoyens issus de toute l'Union.

Pour demander à la Convention Giscard qui rédigeait la Constitution européenne d'intégrer ce Traité social, le président de la Commission, Romano Prodi, avait reçu Pierre Larrouturou, Elio di Rupo (actuel premier Ministre belge) et une délégation des signataires. Devant tous les médias, Prodi souligna avec force l'importance de notre démarche : « *Ce sont des critères tout à fait réalistes. C'est seulement une question de volonté politique.* »

Après plus de 20 ans d'attente, après 5 ans de crise aiguë, la négociation sur les Traités reprend. Allons-nous rater une fois de plus l'occasion qui s'offre à nous ? Repousser à plus tard l'acte de naissance d'une Europe politique serait un drame historique. C'est cette année qu'il faut envoyer à tous les citoyens d'Europe un signal très fort : l'Europe muselée, c'est fini. L'Europe des lobbies, c'est fini. L'Europe démocratique, ça commence.

Il est fondamental que la France et l'ensemble des progressistes européens agissent ensemble, avec force, pour imposer un traité social dans la négociation. Il n'y aura pas d'Europe forte sans soutien des opinions publiques : pas d'Europe politique sans Europe sociale.

« *Peine perdue... Les autres ne voudront pas nous suivre* » C'est ce qu'on entend quand on se retrouve face à un blasé pessimiste. Pourtant la volonté est une force entraînante.

Souvenez-vous : entre 1981 et 1984, la construction européenne fut retardée par une dame, Margaret Thatcher, qui exprimait très fortement ses priorités. « *I want my money back* » (rendez-moi mon argent), dit-elle en tapant du poing sur la table jusqu'à obtenir gain de cause.

En 2014, pourquoi les citoyens ne diraient-ils pas, avec autant de force, quelles sont leurs priorités ? We want democracy ! We want social progress ! « *Nous voulons la démocratie. Nous exigeons le progrès social !* »

Ce n'est pas à 28 que nous pourrons construire cette Europe. Sans doute est-ce avec 8 ou 9 pays qu'il faut avancer. Les autres nous rejoindront s'ils le souhaitent mais nous ne pouvons pas laisser exploser l'Europe simplement parce que quelques dirigeants ne veulent pas d'une intégration politique ou d'une Europe sociale.

Les mêmes valeurs qui nous poussent à agir contre l'injustice sociale et contre le déficit de démocratie en France et en Europe doivent nous pousser à agir avec beaucoup plus de force pour rééquilibrer les règles du commerce mondial (l'Europe est la première puissance économique mondiale, elle a donc une vraie capacité d'action) et pour le respect des Droits humains aux quatre coins de la planète, en lien avec tous les citoyens, ONG et forces politiques qui portent ces combats.

« La civilisation, la vraie, se construit non sur des complicités faciles, des démissions, des esclavages mais sur des refus, des ruptures »

Théodore Monod.

Pour éviter un effondrement de l'Europe et de notre système démocratique qui ne fonctionne pas si mal pour peu qu'on arrête de le corrompre par laisser-fairisme et de le maltraiter par fainéantise, nous devons être capables de décider ensemble de réformes concrètes pour rompre avec un modèle économique qui nous amène dans le mur, remettre à l'endroit tout ce que 30 ans de dérégulation a mis à l'envers, inventer l'avenir. Comme il ne faut pas compter sur ceux qui ont créé les problèmes pour les résoudre, à nous citoyens de reprendre les choses en mains.

Voilà quelques-unes des propositions concrètes que Nouvelle Donne va mettre en débat aux quatre coins du pays dans les prochaines semaines. Ces propositions seront mises en débat partout en France, elles visent à être améliorées et complétées mais elles montrent déjà qu'il n'y a aucune fatalité.

Gandhi disait : « *un arbre qui tombe fait beaucoup de bruit, une forêt qui pousse le fait en silence* ».

Nous sommes une forêt qui pousse, à la différence près que nous, nous allons faire un peu de bruit quand même.

Bibliographie

BECK Ulrich, « Pouvoir et contre-pouvoir à l'heure de la mondialisation », Flammarion, 2003

GADREY Jean, « Adieu à la croissance », Alternatives économiques, Les petits matins, 2012

GEORGESCU-ROEGEN Nicholas, « Demain la décroissance », HUP, Cambridge 1971

GIDE Charles, « La coopération contre le capitalisme », Alternatives Economiques, Les petits matins 2013

HEINBERG Richard, « La fin de la croissance », Editions demi-lune, 2012

HESSEL Stéphane, « Indignez-vous », Indigene Editions 2011

HESSEL Stéphane, « Engagez-vous », entretiens avec Gilles Vanderpooten, L'aube 2011

KEMPF Hervé, « Comment les riches détruisent la planète », Seuil 2007

LARROUTUROU Pierre, « La grande trahison », Flammarion 2014

MEADOWS (rapport) : Donella Meadows, Dennis Meadows, Jorgen Randers, « The limits to growth, the 30-year update », Editions de l'échiquier 2012

PAYON Denis, FLIPO Fabrice, SCHNEIDER François, « La décroissance : dix questions pour comprendre et débattre », Editions La Découverte, 2012

PIKETTY Thomas, « Le capital au XXIème siècle », Seuil 2013

STIGLITZ Joseph, « Le prix de l'inégalité », Les liens qui libèrent 2012

TOCQUEVILLE (DE) Alexis, « De la démocratie en Amérique », Tome 2, Flammarion 1981

VEBLEN Thorstein, « Théorie de la classe de loisir », Gallimard 1970

www.ingramcontent.com/pod-product-compliance
Lightning Source LLC
Chambersburg PA
CBHW070655290526
45790CB00001B/330